이 후 인

1958년 충남 공주 출생
1977년 공주고등학교 졸업
현재 전북부안 변산에서 농업에 종사

변산노인의 시원한 정세풀이

정세진담

이 책을 내면서

    시시각각 변화무쌍하게 변화하고 있는 지구촌에서 우리는 무역전쟁, 군비경쟁, 종교 간 비타협, 종족 간 정치적 갈등, 지진, 화산, 기상이변, 폭탄테러 등등 대사건이 계속되는 불안한 시대를 버티고 살아갑니다.
    우리는 어떻게 어떤 마음으로 살아야 하는지 갈피를 잡을 수가 없습니다.

    국내적으로도 해묵은 이념논쟁, 색깔론, 노동문제, 권력과 부를 가진 자 갖지 못한 자 그들의 의견충돌은 해결될 기미가 보이지 않습니다.

    세상의 변화는 하루가 다른데 아직도 우리는 정쟁이 끊이질 않고 불법과 사회 혼란은 지속됩니다.
    의견도 많고 주장도 많고 귀는 시끄러운데 답답한 마음은 가실 길이 없습니다.

    언제쯤 편하게 밥 먹고 TV를 보면서 웃을 날이 있을까요.

이후인 씀

목차

1. 백성이 나라의 근본이야 8

2. 불법을 막는 방법은
   상호 교차근무제를 도입하는 것이야 28

3. 외교 국방문제는
   지혜롭지 않으면 화근을 불러 52

4. 권력은 모이면 썩는 것이야 78

5. 나라의 흥망성쇠는 돌고 돈다네 ········ 94

6. 사도가 무너지니 걱정이야 ········ 118

7. 나라가 서려면 지도자가 바로 서야 해 ········ 144

8. 한반도의 미래는 어떻게 될까요 ········ 170

9. 그리운 어르신 ········ 204

1. 백성이 나라의 근본이야

봄기운이 완연한 어느 날 지나가는 기자가 모정에서 한가하게 쉬고 있는 허름한 차림의 노인에게 슬며시 말을 걸었다.

기자 어르신 요즘 세상이 시끄럽죠. 살기도 어렵고요.
변산노인 시끄러워야 조용할 때도 있지.

의외의 대답에 재미있는 표정으로 다시 질문하였다.

기자 너무 시끄러워 나라가 걱정입니다.

변산노인 원형이정이니 때가 되면 조용해지겠지.

기자 정치가 바로 서야 할 텐데 국민만 힘든 것 같아요.

변산노인 백성이 힘든 것이 오늘내일인가요. 지도자가 지도자답지 못하니 힘들 수밖에.

기자 그렇죠. 말들은 많아도 들을 말이 없는 것 같아요. 어르신 농사일하시느라 힘드시죠.

변산노인 농사일이 다 힘들지 편한 일이 있겠습니까. 농사를 지어야 먹고사는 것이니 힘들다고 안 할 수는 없지 않겠어요. 정치하는 사람들도 본연의 임무에 최선을 다한다면 백성들이 마음이라도 편하련만. 모두 남 탓만 하고 있으니 시끄러워질 수밖에.

기자 자기 할 일을 망각하여 권력을 남용하고 불법을 저지르고 그래서 시끄러운 것 같아요.

변산노인 꼭 해야 할 일은 안 하고 상대방을 이기고 백성 위에 군림하려고 하니 모든 폐단이 생기는 것이지.

기자 어르신은 계속 농사지으며 사셨나요.

변산노인 그렇지요. 시골 사람이 시골에서 땅 파고 사는 것이지 다른 방법이 있나요. 나도 젊은 시절 한때에는 서울에 나가 벌이도

했으나 집안 형편 때문에 다시 시골에 와서 이 세월을 살고 있다오.

기자 제가 보기에 어르신은 농사지으시는 분 같지 않으셔요.

변산노인 그냥 농사꾼이지요. 시골에서 겨우 국민학교 졸업했지. 그럼 댁은 뉘시오.

기자 아 인사가 늦었습니다. 저는 한국신문 기자로 이번 선거 동향을 취재하는 김민이라고 합니다.

변산노인 어느 정도 짐작은 했습니다. 나는 김상길이라 합니다.

기자 예. 이렇게 우연이라도 만나 뵙게 되어 반갑습니다.

변산노인 내 오늘 좋은 사람을 만나지 않을까 기대하였습니다.

기자 연배가 저보다 한참 위이신데 말씀을 놓으시지요.

변산노인 편하게 지내려면 말을 놓는 것이 좋겠지.

기자 저도 어르신을 자주 뵙고 좋은 말씀을 계속 듣고 싶습니다.

변산노인 나도 심심하던 차인데 잘 되었군. 하지만 나는 가진 것이 없어서 찾아온 손님이라도 변변한 대접은 못 하네.

기자 대접은 제가 해야지요. 오늘은 준비를 못했지만 다음에 뵐 때는 제가 준비하겠습니다.

변산노인 내가 뭘 대단한 사람이라고 준비한다고 그러나. 막걸리 한두 잔이면 족하지. 너무 지나치면 부담스럽다네.

기자 제가 드려도 되는 말씀인지는 모르겠지만 보통 분은 아니신 것 같은데 국민학교만 나오셨다고 하셔서요.

변산노인 그저 농사꾼이지 별수 있나. 가난한 시골 살림에 배움은 사치였지. 배움에 목이 말라 책을 몇 권 읽기는 했지. 역사서며 의학서며 무협지며 지리서며 철학서며 시중의 만화책까지 책을 보면 무조건 읽었네. 젊음을 풀 곳이 없었던 시절이라 모든 서적을 읽고 또 읽는 것에 세월을 보냈지. 열국지 수호지 삼국지 같은 것은 10번도 더 읽었을 거야. 그래봐야 내세울 것 없는 농토쟁이인데 뭐.

기자 예. 책 한 수레는 읽으셨겠어요.

변산노인 세어보지는 않았지만 꽤 될 거야. 그러면 뭐하나. 결국 시골 무지랭이인데.

기자 무슨 말씀이세요. 제가 뵙기엔 범상치 않으신데요.

변산노인 아니야 잘못 봤어. 그냥 보통 사람이야. 시골에서 살다 보니 욕심이 없어서 그럴 거야. 욕심을 낸다고 되는 일도 아니지만 욕심이 화를 부르는 시작 아닌가. 하루 밥 세끼 먹는 것은 같은데 잘 나면 얼마나 잘나고 못나면 얼마나 못났겠나. 많이 배우나 적게 배우나 부자나 가난한 사람이나 잘난 사람이나 못난 사람이나 세상 한 번 사는 거야. 특별한 것이 있는 듯하지만 결국 인간세상 아닌가. 굴곡은 모두 욕심에서 비롯된다고 봐야지.

기자 언제쯤 나라가 조용할까요.

변산노인 역사에서도 폭정망자 시대가 가면 새 사람이 나와서 한 시대를 이끌고, 성군이 나와 칭송하는 시대도 있고, 그 시대가 가면 또 잘하겠다고 외치는 사람이 나와 시대를 열어가고, 힘을 과시하다 또 망하고, 모든 것은 순환의 고리가 있지. 혼란도 잠시 평화도 잠시 그렇게 세월이 가는 것 아닌가. 역사는 물 흐르듯 가는 것이야. 인간의 마음이 천태만상이듯 역사도 그렇게 굴곡이 심한 것이지.

기자 어떻게 하면 나라가 바로 설 수 있을까요.

변산노인 어렵게 생각하니 어려운 것이지 생각하기 나름 아니겠나. 물은 아래로 흐르지 않나. 윗물이 맑으면 아랫물도 맑게 되는 것은 당연한 이치 아니겠나. 물의 이치를 생각하면 정치도 그렇게 하면 되는 것이지.

기자 정치를 물의 이치로 한다면 어떤 의미인지요.

변산노인 윗물을 맑은 물로 즉 지도자를 깨끗하고 올바른 사람으로, 정책을 추진할 때는 급할 때는 폭포수처럼, 서서히 추진할 일은 넓은 강물처럼, 때로는 굽이치고 돌아가고 그런 것 아니겠나. 그렇게 물처럼 순리대로 처리한다면 풀리지 않는 문제가 어디 있겠나.

자연의 이치를 거르면 반드시 폐단이 생기는 법이지. 지도자가 자기 욕심에 인위적으로 4대강을 막고 거대한 공사를 시작한 결과가 어떠한가. 자연은 훼손되고 생태계가 파괴되고 결국 되돌리기도 어려운 형국이 되지 않았나. 지도자의 욕심이 얼마나 큰 화를 부르는지 여실히 보여주는 것이지. 모든 공직자는 물의 순환 이치를 새겨야 해. 최근에도 권력이 한곳에 집중되어 흐르지 못하니 엄청난 국민적 혼란이 있지 않았나. 국민은 현명하나 지도자들이 아둔한 것이지. 모든 것이 욕심이고 물의 순환의 이치를 거스르기 때문에 벌어진 일이야.

기자 물이 순환하는 이치로 행하는 것은 보통의 사람으로서는 실행하기 쉽지 않겠는데요. 의견이 분분하고 이러지도 저러지도 못하는 얽힌 일이 너무 많아서요.

변산노인 쉽진 않지. 그러나 생각하면 길은 사람에 있어. 인간은 만물의 영장이라 하지 않던가. 오직 인간만이 하늘을 하늘이라 부르고 땅을 땅이라고 부르는 것이라네. 지구상에 여타 동물이나 식물은 그렇게 부르는 종류가 없는 것이지. 그래서 인간을 만물의 영장이라 한다네.

어떤 일이든 사람만이 할 수 있는 것이지. 지키지도 않을 법을 만들기만 하면 뭐하나. 법이 일반 백성에게는 후하고 상으로 갈수록 엄격하게 하후상박한다면 백성은 정부를 믿을 것이고 그러면 민심을 얻을 수 있겠지만 어디 그렇게 백성이 원하는 대로 되었던가.

기자 법을 정당하게 집행할 지도자를 선택하는 안목도 그러하고 그런 지도자를 찾기도 쉽지 않은 일인데 어떻게 하면 찾을 수 있을까요.

변산노인 내 생각에는 생각보다 가까운 데에 있어. 내 주변에서 찾으려고 하니 어려운 것이지. 내 영역을 조금만 벗어나서 찾아보면 생각보다 쉽게 찾을 수 있지. 다들 아는 사람 지역사람 인연이 있는 사람을 고르다보니 한쪽 면만 보게 되는 것이지. 내 가까운 사람이 추천하면 예의상 또는 의리상 사람 보는 눈을 흐리게 되어있어. 그러니 널리 인재를 구한다는 명분을 내세워 전혀 모르는 사람 중에 찾다 보면 그 사람이 내 사람이 되면서 객관적으로 효율적으로 옳은 방향으로 일을 추진하게 되는 것이지. 그런 사람은 보는 눈이 많다는 것을 알고 있으니 나쁜 일은 스스로 하지 않게 되거든.

단 일머리를 잘 알고 추진성과 시시비비가 명확하고 합리적이며 청렴한 사람이어야 하는데 간단한 문제는 아니지. 백성의 마음을 헤아리고 일을 하면서도 국익에도 도움이 되고 미래도 생각하는 지혜로운 사람이 지도자가 되어야 하는데 역대 정권에서 그런 사람은 몇 명 보지 못했네.

백성을 위하여 모든 일을 민주적으로 하는 듯하지만 반대세력의 힘 앞에 그만 이끌어 나가는 동력이 약화되는 것이지. 그래서 지혜라는 것이 필요한 것 아니겠나. 백성을 위한 옳은 일을 하는 것은 기본이지만 반대세력을 이끄는 방법 또한 철저한 준비를 해야 한다는 것을 잊는 바람에 결국 원위치 되면서 더욱 백성들의 힘든 세월이 이어지는 것 아닌가. 현시대는 단순한 시대가 아니야. 그래서 지도자는 항상 많은 생각을 해야 하는 것이고.

지혜롭고 덕이 있는 지도자를 국민들이 잘 뽑아야 하는 이유가 여기에 있네. 국민에게 믿음을 주고 살아갈 희망을 주어야 하는데, 정치하는 사람들이 검은 속을 감추고 옳은 사람 흉내를 내고 있으니 국민이 힘든 것이야. 여론도 분분하고 겉과 속이 너무 달라.

사실 개혁이라는 말은 거짓이야. 옳은 일인 것이지. 백성을 생각하는 마음만 있다면 그것이 옳은 일이지.

기자 아 예. 옳은 말씀이라 이해는 되는데 세상이 시끄러워 실천은 어려운 점이 많을 것 같습니다.

변산노인 모든 일은 지도자의 의지가 중요해. 모르면서 말로만 하는 사람은 될 일도 안 되게 하거든. 겉과 속이 다른 것이 사람인데, 지도자는 모름지기 사람을 보는 안목을 키워야 해. 모든 잘못은 사람의 그릇된 판단이나 욕심에서 비롯된 것이거든. 현시대는 너무 난잡하고 뒤집히고 어지럽고 그런 분열시대 아닌가. 지도자가 현명하지 못하면 어느 구덩이에 빠져 헤맬지 모르는 중차대한 시대라는 것을 항상 염두에 두어야 하는데, 정권만 잡으면 그만이라는 착각을 하는 것 같아.

각자의 생각이 많아지고, 많은 만큼 이론도 많아지고, 그 결과 비약적 발전을 하는 것 아닌가. 그런데 사람들이 간과한 것이 있네. 비약적으로 발전한다는 것은 또 다른 발전을 생각하게 하고 그런 과정이 계속되다 보니, 식물의 세포분열같이 사람의 마음도 한없이 분열을 하고 있다는 사실을 말이야. 선도 분열하고 악도 분열하고 그래서 복잡한 세상이 되는 것이야.

　사람 하나하나를 들여다보면 선한 사람도 악한 사람도 없어. 선과 악이 한몸에 붙어 있는 것이지. 지도자가 사람을 쓸 때 선하게 쓰면 선한 사람이 되고 악하게 쓰면 악한 사람이 되는 것이야. 그러나 현 시대는 분열시대이면서 혼돈의 시대라, 선보다는 악이 더 큰 뿌리를 내리고 있어서 더욱 백성이 힘든 것이고. 악을 도려낸다는 것은 이미 어려운 일인지도 모르지. 다 쓴 칠판은 지우고 새로 글씨를 쓰는 것처럼 처음 열어간다는 생각으로 하나하나 바로잡아 간다면 좋은 날이 오겠지.

　기자　세상을 바로잡는다면 어떤 일부터 시작하는 것이 좋을까요.
　변산노인　모두 알고 있는 일 아닌가. 현재는 법이 바로 서지 못한 것이 가장 큰 원인이야. 모든 불신은 법 앞에 평등하지 못한 데서 생기는 것이지. 권력은 돈 앞에 허약하고, 돈은 힘 앞에 허약하고, 그러다 보니 서로 연합하여 힘을 기르고 부를 축적하고, 권력을 잡으려고 혈안이 되어있는 것이지. 지혜 있는 사람이 법을 다스리는 수장이 되어야 기강을 바르게 세울 수 있어. 추진력이 뛰어나고 청렴 강직한 사람을 찾기만 하면 생각보다 일이 잘 풀릴 것이야. 찾지 않아서 그렇지. 부와 권력의 고리를 차단하고 정치와 학연 지연 혈연의 고리를 원천적으로 근접하지 않게 하면 가능한 일이 되지 않겠나.

기자 그런 일을 할 수 있을까요. 지금까지 모든 정치인 혁명가들이 하려고 노력했는데도 하지 못한 일인데요.

변산노인 그러니 지도자의 의지가 중요한 것이지. 사람은 많아. 다만 그런 사람을 볼 수 있는 그릇이 안 되는 지도자가 있었기 때문이야. 모든 악의 고리를 차단하는 일은 사실 그리 어려운 것은 아니야.

사정기관이 자기들끼리의 문화에 젖어 능력 있고 소신 있는 사람은 중요한 업무에서 배제한 채, 소인배들이 득세하면서 나라가 잘못되어 가고 있었어. 인사가 만사라고 하지 않았나. 모든 기관에 학연 지연 혈연이 발붙일 곳이 없도록 거미줄같이 얽히고설키게 인사를 한다면 감히 끼리끼리 문화가 범접하지 못할 것이야. 권력자들이 모르고 안 하는 것이 아니라 알면서도 실천을 못 한 것이지.

과거 권력자들이 세력을 공고히 하기 위해 반대파를 종북 좌파 급진세력 데모꾼 등으로 분류하여 자기들만의 성을 쌓은 것이지. 한마디로 입만 열면 공산주의 빨갱이 종북 좌파라는 색깔론으로 국민을 호도하고, 자기만이 애국자인 양 가면을 쓰고, 상대방을 무참히 공격하는 못된 문화를, 정치권에서 선거에 이용하고 부추기는 작태를 정권차원에서 앞장선 것 아닌가.

제주 4.3사건 여순반란사건 등등 선량한 백성들을 얼마나 정치에 이용하였나. 정치가와 친일분자들이 합세하여 자기들의 불법과 친일 행각을 감추려고 이념논쟁을 부각시켜 백성들을 속인 것이지.

군사정권 시절에도 얼마나 심하게 간첩사건을 인위적으로 만들어 여론을 호도하였나. 자기의 권력 찬탈을 감추고 북한과의 대치 상황을 정치적으로 교묘하게 이용, 빨갱이라는 허울을 씌워, 권력을 유지하고 국민을 통치한 것 아닌가. 물론 간첩도 있을 것이지만 사건을 조작하여 정치에 이용한 조작 사건들이 최근까지 밝혀지고 있지 않나. 권력자와 친일 인사들이 한배가 되어 사상이나 이념을 통치에 이용하였고, 그 결과 국론분열 영호남 갈등 등 상호 불신시대가 된 것이지.

광주민주화운동만 하더라도 자기 백성에게 총질을 하라고 시키다니 그것은 천인공노할 역적이야. 그것도 정권을 잡기 위하여 자국민을 살상했으니 아무리 변명을 하더라도 역사의 죄는 씻지 못할 것이네. 시민들을 폭도로 규정하고 간첩의 소행이라고 호도하고 사실을 왜곡하여 민간인 살상을 자행했으면서도 현재까지 변명으로 일관하며 책임도 회피하고 있으니 한심한 일 아닌가.

그 시대에는 군인들도 끼리끼리 문화가 비대하여 군대의 권력을 독점하고 상호 비호하는 세력으로 존재하며 정권에 붙어 권력을 유지하지 않았나. 현재까지도 암암리에 자기들만의 문화가 존재할걸. 그런 사람들이 따지고 보면 모두 매국노들이야. 나라를 팔아먹는 것과 같은 악행 아닌가. 그런 사람들이 정권을 잡았고, 그 성에 들어가려고 아부하고 줄 대고, 또 머리를 짜서 또 다른 성을 준비하고 그런 문화가 반복되다 보니 선과 악이 바뀌어 더욱더 사회가 분열되었고,

자기만 올바른 사람 흉내를 내는 것이지. 사실 본인이 가장 나쁜 사람인데 말이야. 사실 그들에게 밀려난 사람들 중 정의롭고 사나이다운 사람들이 많을 것이네. 인물은 계급이나 지위로 찾는 것이 아니라 그런 사람들 중에 찾으면 쓸 만한 사람이 있을 것이네.

우리 사회에 좌파 우파가 어디 있나. 그리고 진보다 보수다 그런 것이 어디 있나. 백성은 뒷전이고 정권을 유지하고 잡기 위하여 정치권에서 백성을 이용한 것이지. 특히 용공 좌파 공산주의 이런 단어들은 자기와 반대되는 사람들을 공격하는 수단으로 백성을 호도한 것이지. 억울하게 진실이 묻힌 사람들은 커다란 한을 남기게 된 것 아닌가.

이렇게 정치인과 친일분자들이 만들어 놓은 이념논쟁의 허상으로 그들의 불법과 비리를 덮었고, 많은 국민들은 원인도 모른 채 희생양이 되었던 것 아닌가. 현재에도 그 논쟁이 계속되는 것을 보면 참으로 아픈 역사야. 국민을 속이는 거짓이 받아들이는 사람에 따라서 사실로 여겨지고 그들이 바라는 대로 국민을 더욱 호도하는 사람들이 되는 것이지. 거짓의 물이 든 사람들은 아무리 설명을 잘해도 거짓이라고 자기 스스로를 자기가 판단하는 모순을 반복한다네. 그 결과가 국론 분열로 나타나는 것 아닌가. 그러니 그런 주장을 하는 사람들은 따지고 보면 모든 허물의 중심인물들이지. 백성을 위하고 국익을 위하여 일하는 사람이라면 응당 국민 분열을 조장하는 발언을 해서는 아니 되는 것 아닌가. 지금도 낯 두꺼운 발언을 일삼는 사람들도 많이 있으니 정말 어처구니가 없다네.

아무리 착한 사람일지라도 화가 나면 살인도 한다네. 그럼 그 사람을 급진세력이라 하겠지. 사실은 착한 사람인데 말이야. 그 사람을 화나게 만든 사람이 사실 나쁜 사람 아닌가. 불쌍한 사람을 보면 베풀고, 나쁜 사람을 응징하고, 좋은 사람을 보면 칭송하고, 위험에 처한 사람을 보면 도와주고 이런 것들이 인정이라는 것인데 권력자들은 백성의 기본 정까지 이용하여 권력을 유지한 것이지.

지도자가 백성을 생각하는 마음만 한결같다면 백성을 이용하지도 않을 것이고, 백성에게 권력을 부리지도 않을 것이고, 백성에게 돈 자랑을 하지도 않을 것이네. 그러나 불행하게도 많은 지도자들이 백성을 이용만 했지 백성을 위하는 일에는 소홀했던 것이 사실이야. 역사가 증명하니까. 선거 때 보면 적나라하게 드러나지 않나. 지도자들이 얼마나 백성을 이용하는지. 혹은 공약을 남발하고 지키지도 않는지. 백성은 나라의 근본인데 말로만 그렇지 백성을 나라의 주인이라고 대접하는 지도자는 별로 없더란 말이지.

기자 결국 지도자의 의지에 달려 있군요.

변산노인 인사문제를 획기적으로 바꾸어야 해.

기자 인사문제를 어떻게 바꿀 수 있다는 것인가요.

변산노인 수장을 지혜로운 사람으로 세워야 하는데 그런 사람을 고르는 것이 제일 큰 관건이지.

기자 그런 사람을 알아보는 것은 쉬운 일이 아닌데 가능할까요.

변산노인 정치나 사업이나 사회나 사람이 이루어 나가는 것이지. 성패는 사람을 잘 쓰느냐 못 쓰느냐에 달려 있어. 사람은 겉과 속이 생각보다 많이 다르다네.

인사하며 고개를 깊숙이 숙이는 사람은 속에 흑심이 많다는 증거가 될 것이고, 자기를 지나치게 과시하면 권력욕은 많지만 속 빈 사람일 것이고, 학력이나 지식을 강조하는 사람은 사실은 다방면에 경험이 없다는 증거이고, 힘을 지나치게 과시하는 사람은 덕이 없고 권력을 이용할 사람이고, 지나치게 겸손한 사람은 추진력이 결여된 사람이고, 지나치게 자기주장이 강하고 예의를 중시하는 사람은 많은 사람을 포용하는 데 문제가 있고, 혈연 지연 지방색을 드러내는 사람은 파벌을 형성할 사람이고, 가정을 원만하게 다스리지 못하는 사람과 남자 여자를 잘 읽지 못하는 사람은 큰일을 맡길 수 없는 사람이고, 지나치게 강직한 사람은 주위에 사람이 없는 사람이니, 사람을 잘 가리고 잘 쓰는 것이 지도자가 꼭 가져야 할 인성인 것이지.

큰 사람은 큰일에 쓰고 작은 사람은 작은 일에 써야 되는데, 큰 사람을 작은 일에 쓰거나 작은 사람을 큰일에 쓰면 반드시 실패하게 되어있네. 그 사람의 그릇에 맞게 사람을 쓰는 안목을 가지고 세상이 어떻게 흐르고 있느냐를 읽을 줄 안다면 지도자감이 되는 것이지.

인간들의 습성을 보면, 뜻이 같은 사람은 서로 이익을 얻으려 하고, 인자한 사람은 서로 어려움을 같이 하고, 악한 사람은 서로 당을 만들고, 사랑은 서로 구하고, 미인은 서로 질투하고, 지혜로운 사람은 의견을 모으고, 같이 귀하면 서로 해하고, 이득이 있는 곳은 서로 시기하고, 같은 소리를 내는 사람들은 서로 응하고, 기운을 내세우는 사람은 서로 잘났다며 상대를 깎으려 하고, 같은 종류는 서로 의지하고, 뜻이 통하면 서로 친하고, 어려운 사람들은 서로 구제하고, 목적이 같으면 서로 이루려 하고, 예술하는 사람들은 서로 견제하고, 기교가 있는 사람은 서로 이기려 한다는 것은 인간의 기본 습성을 보여주는 것이야.

 지도자는 이런 인간의 습성을 간파하여 그때그때 필요한 사람을 잘 골라 쓰는 능력이 있어야 하고, 사람을 잘 읽어야 하는 것이 일의 성패를 가름하는 지름길이야.

 덕이 있고 지혜로운 사람은 다른 사람의 말을 경청하며 들어주고, 사소한 것에서 큰일을 결정하고, 전후좌우를 살피되 결정을 함에 주저함이 없고, 일을 추진함에 학연 지연 혈연을 고려하지 않고 적절한 사람을 쓰며, 부드러운 듯 강하고 높은 듯 낮은 사람이라면 백성을 다스리는 지도자가 될 수 있지 않겠어. 가정이나 사회나 나라나 다스리는 이치는 결국 사람을 이해하고 같이 어울리는 것이야.

 또 한 가지 많은 지도자가 실패한 원인은 수레를 앞에서 끌었다는 것이야. 지도자는 묵묵히 뒤에서 밀어주는 역할을 하여야 한다네. 지도자가 수레를 앞에서 끌려고 애쓰다 보니 뒤에 있던 사람들은 일을 제대로 하지 않고 눈치나 보는 사람들이 되었던 것이야. 지도자는 힘들어 지치는데도 참모진이나 다른 수하 사람들은 책임도 없고 열매를 따 먹는 것에 정신이 팔리는 것이지. 그래서 권력형 비리가 지속되는 것이고. 따지고 보면 지도자들이 부덕한 소치야. 조금만 생각해도 알 수 있는 것을 매번 왜 그렇게 하는지 정말 이해가 안 되는군.

기자 지혜로운 지도자가 나와 법을 다루는 부처의 수장을 지혜롭고 청렴 강직한 사람으로 세워야 하겠네요.

변산노인 그렇지. 그런 사람을 사정기관의 수장으로 하여 법을 바로 세운다면 국민들로부터 인심을 얻을 수 있을 것이야. 권력과 돈과 비리가 판치는 세상에서는 법을 바로 세우는 것이 급선무니까.
　현재의 사법기관의 사람들로는 법을 세우기가 어려울 것일세. 하나같이 학연, 지연, 혈연으로 묶여있거나 정치적으로 얽혀 있으니 보통의 사람으로는 실천할 수 없을 것이네. 법무부의 수장을 필두로 검찰의 수장도 군이나 법을 전공한 사람이 아닌 민간인 중에 강직한 사람을 찾아 세우는 것이 중요한 첫걸음이 될 것이야. 청렴 강직한 지혜로운 사람, 추진력이 남다른 사람, 쉽지는 않겠지만 찾으면 얼마든지 있어. 군이나 정부기관에서 일했던 사람도 있겠지만 현직이 아닌 대령이나 중령으로 예편한 사람 중에 평범하게 아니면 낙향하여 유유자적 사는 사람 중에서 찾는다면 찾을 수 있을 걸세. 그런 사람들은 비인간적인 방법으로 진급하거나 비리를 저지르는 건 못하겠다는 소신파들이 많거든. 어떻게 보면 인간다움이 살아 있는 사람들이지. 또 재야에서 활동하는 법률가들도 많지 않은가. 그런 사람 중에서 찾는다면 얼마든지 찾을 수 있을 것이네. 지도자들이 자기편을 세우려고 하니까 사람이 없는 것이지 그런 사람을 찾아 자기 사람으로 만들려고 한다면 일의 반은 성공일세.

기자 그런 사람이 한두 명 필요한 것이 아닌데 법무부 사람들을 모두 그런 사람으로 채울 수는 없지 않습니까.

변산노인 그야 그렇지. 하지만 특별수사본부라든가 그런 것을 만들어 몇 사람의 핵심 인물만 확보한다면 생각보다 쉽게 법을 세울 수 있네. 단지 지도자가 그런 의지가 있느냐 그것이 더 중요한 부분이라는 것이지. 자기 사람 심기에 급급한 지도자가 그런 인물을 세울 수 있겠나.

지도자마다 그런 사람을 세웠다고 하겠지만 지금까지 역대 정권에서 보여준 사람 중에 그런 사람이 한 명이라도 있었는지 모르겠네. 모두 충성이라는 미명하에 국민을 보지는 못한 것이지. 첫 번째도 두 번째도 백성이 우선인데 말이야. 법조인들의 끼리끼리 문화가 뿌리 깊게 박혀 있고 법원 검찰 변호사들의 얽히고설킨 인맥이 철옹성처럼 되어있어 보통의 의지로는 바로잡기 어려울 걸세.

우리 사회 전반에 퍼져있는 그들 세력을 일시에 공격하여 바로 잡는다는 것이 쉬운 일이겠는가. 처음 대한민국이 태어날 때 법원이나 검찰 경찰조직에 과거 일제조직에서 근무했던 사람들을 재고용하여 조직을 세웠으니, 국민을 억압하고 권력을 이용하는 일제문화가 답습되는 결과가 된 것이지. 그들이 권력을 쉽게 포기하겠는가. 그들의 세력이 만만치 않기 때문에 각개격파 형식으로 흐름을 바꿔 놓는 것이 중요한 일이지.

지도자의 의지와 전폭적인 지지와 믿음이 있다면, 권력자나 부자에게 정확하게 각인시키고 흐름을 바꿔 놓을 수 있지 않겠나.

법을 세우려면 먼저 자기 사람부터 읍참마속하는 심정으로 단죄하고 그 여세가 사회 각층에 파급되도록 하여야 한다네. 역대 정권들이 자기 사람들은 감싸고 정적이나 자기 사람이 아닌 사람들을 겨냥하니까 지지층이 이탈하고 여론이 반분하면서 사회가 혼란스러워지는 것이야. 또 불법을 저지른 자기 사람을 감싸려다가 정권의 도덕에 흠집이 나면서 추진력을 잃고 흐지부지된 것이 어디 한두 번인가.

옛 삼국지에 골육계라는 말이 있지 않은가. 자기 사람 중에 작은 죄를 저지른 사람을 크게 단죄하여 시범을 보이는 것인데 지혜로운 사람이라면 큰 것을 얻기 위해 작은 것의 희생은 감내할 줄도 알아야 한다네.

지도자가 사람을 고를 때는 원칙을 정하여 살아온 과정을 살피고 주변을 살피고 가족을 살피고 친구를 살핀 후 역사관 인물관 국가관을 살핀다면 성공할 수 있을 것이네. 선거에서 도와준 사람들은 모두가 자기가 세운 지도자가 대통령이 되었으면 하지 욕심이 없는 사람이 별로 없어. 그런 사람들은 인성이나 역사관 국가관 등 세심하게 살펴야 해. 너무 이론적이거나 서두르거나 경험이 없거나 지혜가 없는 사람들이 지도자 앞에서는 자기를 잘난 사람으로 부각시키고, 일반 국민 앞에서는 과시하려는 자들이 많거든. 지도자는 그런 사람을 항상 경계해야 하고 지혜로운 사람을 찾기 위해 항상 열린 마음을 가져야 하는 것이지. 선거는 도와주는 사람들과 함께 치르더라도 법의 수장만큼은 제대로 된 사람을 골라 쓰는 것이 중요한 것이야. 사람을 한번 잘못 쓰면 시대가 통째로 날아가 다시는 그 시대로 돌아갈 수 없는 법이지. 송나라 시대에 포청천 같은 사람을 찾아 세운다면 처음에는 어렵겠지만 어지러운 현실을 서서히 바로 잡을 수 있을 것이네.

기자 법을 다루는 사람들이 오히려 나라를 흔들 지경까지 왔는데 사람 몇 명 바꾸었다고 수십 년간 이어온 관행화된 비리를 잡을 수 있을까요.

변산노인 일반적인 방법으로는 현시점에선 어려운 일이지. 아무리 묘수라고 해봐야 법을 다루는 사람들의 끼리끼리 문화를 바꾸기는 어려운 일이니까.

법원 검찰 변호사들의 집단이 오히려 나라를 흔들려고 할 것이야. 좋은 머리들을 백성을 위하여 써야 되는데 자기들의 권력과 사욕을 채우기 위하여 쓰고 있으니 더욱 난감한 일이지. 과거 정부에서 검사들이 대통령과 대담을 하던 중에 일개 검사가 대통령 앞에서 막말을 하는 사례가 있지 않았나. 검사가 되면 그렇게 권력에 물들게 되어 있는 것이야. 대통령 앞에서 그러는 사람들이 다른 백성들은 사람으로나 보이겠나. 역사관이나 인성이 실종된 것이지.

한 가지 방법은 있네. 이것은 사정기관뿐만 아니라 모든 정부 부처에도 해당되는 사항인데 상호 교차근무제를 실시하는 것이야. 오늘 이야기가 너무 많았네.

오늘은 이만하기로 하세. 또 나중에 이야기함세.

기자 예 오늘은 이만 돌아가겠습니다. 다음에 찾아 뵈면 안 될까요.

변산노인 나는 늘 이 자리에 있는 사람이니 언제든지 찾아오시게.

변산노인을 만나보고 난 후 기자의 발걸음이 가볍지만은 않았다. 시골에서 자가 공부를 하신 분이 저만큼 지혜롭다면 학력이 무슨 소용이며 현재의 우리나라는 어떤 교육을 시키고 받았는가. 나라를 위한 인재는 어디에서 찾아야 하는가. 지도자들은 정신 못 차리고 또 그렇게 시간이 지나야 하는가…….

2. 불법을 막는 방법은
　　　상호 교차근무제를 도입하는 것이야

　5월이 다가오자 농부들은 하루가 짧게 느껴지리만큼 바쁜 나날을 보내고 있었다. 기자는 변산노인과의 만남에 대한 기대감으로 시간이 어떻게 흐른지도 모를 정도로 빨리 지나감을 느꼈고 다시 변산노인을 찾아뵈었다.
　동네 어르신에게 김상길 씨 댁을 물었고 몇 발자국 걸어서 변산노인의 집앞에 당도하여 집 모습을 보면서 기자는 깜짝 놀라고 말았다. 도저히 현재 사람이 살고 있는 집 같지 않았다. 지붕은 파여 비가 곧 샐 것 같았고, 벽은 약간 기울어 넘어갈 듯 흙을 덧대었고 문은 좁아 허리를 구부려야 겨우 방안에 들어갈 수 있는 정도였다. 청빈낙도라는 말이 저절로 떠오르는 모습이었다.

밖에서 어르신을 부르자 안에서 변산노인이 기침을 하며 나오셨다.

변산노인 뉘시오. 아 기자 아니신가.
기자 예. 건강하셨지요. 모정으로 가시지요.
변산노인 어 그래. 먼저 가 있어. 내 옷 좀 걸치고 나갈게.

모정에 당도하자 기자가 일어서서 먼저 소개할 사람이 있다고 말을 꺼냈다.

기자 어르신의 말씀을 같이 들으려고 동료 기자와 정치인이 같이 오게 되었습니다.
박 미래신문에 박아무개 지자입니다. 김기자와 동년배로 친하게 지내고 있는 사람입니다. 처음 뵙겠습니다.
손 저는 모당소속 손아무개입니다. 김기자에게 어르신에 대한 말씀을 듣고 제가 청하여 오게 됐습니다. 반갑습니다.

변산노인 만나서 반갑습니다. 여기까지 오시느라 고생하셨습니다. 그런데 나는 배움도 없고 그저 시골에서 농사짓는 사람인데 무슨 들을 말이 있다고 오셨는지 모르겠네요.

기자는 미리 준비하여 온 막걸리와 모둠순대를 내놓으며 잔에 술을 채웠다. 한잔씩 잔을 들고 기자가 먼저 말을 이었다.

기자 사실 먼젓번에 말씀만 꺼내셨던 상호 교차근무제가 무엇인지 궁금하여 이렇게 다시 찾아 뵈었습니다.
손 저도 기자에게 그 말을 듣고 같이 찾아뵙자고 한 것입니다.
박 저도 여러 가지로 궁금하였습니다.
변산노인 그 말이 그렇게 궁금하였나요. 복잡한 것 같지만 사실은 간단합니다.
손, 박 말씀을 편히 하시지요.
변산노인 그럼 그럴까요.

기자 상호 교차근무제가 무엇인지 과거에도 그런 제도가 있었는지 궁금합니다.
변산노인 부분적으로는 있었지만 공식적으로는 역대에 한 번도 시행한 적이 없었던 것으로 알고 있네.
상호 교차근무는 권력을 남용하지 못하도록 상호 견제하게 만드는 것이야. 어느 권력기관도 비리나 뇌물수수 봐주기 식의 업무를 못하게 만드는 것이지. 옳은 일만 할 수밖에 없도록 사정기관 직원을 각 기관에 파견하여 근무하게 하고, 사정기관에도 시민단체 경찰 군 감사원 경제기획원 청와대 지방 등에서 파견하여 상호 교차근무를 시키며, 수시로 인사를 단행하여 고인물이 썩지 않도록 원천봉쇄하는 것이야. 결론적으로 모든 부처의 직원들을 상호 교차근무하게 한다면 부처의 이기주의 혈연 학연 지연을 근절하는 것은 물론 불법 비리 폐습이 순식간에 없어질 것이네. 어떤 기관도 협조하고 백성을 위하지 않으면 자리보전을 못 하게 될 것이고 기존의 폐습에 빠진 공직자들은 즉시 도태될 것이네.

쉽게 말하면 본 근무지 다르고 파견근무지가 다른 형식이지. 본 근무지는 기획재정부인데 파견근무지는 행정안전부가 되는 것이지. 근무자는 양쪽 지휘를 받아야 하고 양쪽에서 다 잘하지 못하면 본부나 파견부서나 버텨내기 힘들 것이네. 열심히 하지 않으면 안 되는 구조인 것이지. 다시 말하면 재정을 맡은 부서의 직원은 기획원에서 파견하고, 총무를 맡는 직원은 행안부에서, 사정을 맡는 직원은 감사원이나 검찰에서, 내부감시망은 청와대나 국정원에서, 국책사업이나 대규모 사업은 기획부나 청와대 국토부 등 합동으로 관장하게 하고, 사정기관을 검사에게만 맡기지 말고 민간인 각 정당 시민단체 등 유기적으로 상호 견제와 감시를 맡긴다면 어느 누가 법을 어긴단 말인가. 그렇게 된다면 서로 지도자가 되려고 싸우는 일도 별로 없을 것이네.

모든 부처를 이렇게 이중 근무형태로 운영한다면 민생법안은 신속하게 처리될 것이고 국회에서도 협조하지 않으면 곧바로 국민의 지탄을 받게 될 것이네.

대통령이나 장관의 지시가 순식간에 전파되어 신속하게 실행되는 것은 물론 전 부처에서 어떻게 일을 처리하는지 한눈에 볼 수도 있는 것이지.

상호 교차근무제는 역대 어느 정권에서도 실행한 적이 없는 새로운 방식이지만 현재와 같은 부처 이기주의, 끼리끼리 문화, 혈연 지연 학연, 정치적 지지세력, 사상 등 복잡하고 다양한 조직에 종지부를 찍을 수 있는 제도라고 생각하네. 현 정부 조직에서는 혈연 지연 학연 그리고 정치적 연결고리 등등 너무 복잡하고 다양하여 이 제도 아니면 바로잡을 방법이 없을 것이네.

상호 교차근무제가 정립된다면 헛된 일은 생각도 못하고 예산도 낭비되는 일이 없을 것이야. 즉 각 부처에 감사관이 상시 존재하고 검사가 존재하고 경찰이 존재하고 청와대 직원이 존재하고 국정원 직원이 존재한다면 어느 사람이 비리를 저지르겠나. 그리고 주기적으로 본청에 모여 예산의 집행, 효율적 행정, 법 개정 등을 논의하고 개선해 나간다면 비리는 원천 봉쇄되는 것이지. 대통령과 각부의 수장들도 권력을 부리지 못하고 비리를 저지르지 못하게 될 것이야. 잘못된 지시는 바로 모든 기관에 통보되어 시시비비가 가려지게 되어있지. 그러니 함부로 잘못된 지시를 내리지 못하는 것이야. 각 언론사까지 상주한다면 감히 비리가 발생하겠나. 특히 권력기관일수록 시민단체까지 상주하게 한다면 비리는 없을 것이네. 모든 일은 지도자의 의지가 중요해.

요즘 국회를 보면 가관이지 않나. 백성을 위한다면서 어쩜 그렇게 의견이 다른지 정말 이해가 되지 않는데, 국민은 아랑곳하지 않고 서로 잘났다고 그렇게 열심히 싸우고 있으니 그게 어디 지도자라고 할 수 있나. 국회의원이나 선출직에 나가려는 사람들을 대상으로 국가인사위원회에서 국가관 역사관 인성 전문성 등을 시험하여 통과한 사람들만 선출직에 나갈 수 있도록 한다면 이 모든 것이 일시에 해결될 텐데 기득권 국회의원들이 그런 법을 만들 리 만무한 일이지. 현재의 정당정치는 한계점이 너무 많아. 그러니 비리가 끊임이 없고.

과거의 정부는 사심이 가득한 공사, 정책 결정, 예산 집행, 봐주기식 행정, 행정을 위한 행정 등으로 권력 축재가 끊이지 않았고 권력기관이 아니라 자기들만의 공화국을 만든 것이지. 정치권까지 이들과 동조하여 권력을 독점하고 백성 위에 군림하면서 휘두르게 된 것 아닌가.

기자 어르신께서는 어떻게 그런 생각을 하시게 되었어요.

변산노인 그런 말을 하면 어떻게 하나. 사람을 보는 편견이 심하여 인재를 몰라보는 것이야. 최근에 유학이다 박사다 하며 자기를 내세우는 사람들이 많은데 사실 그들이 어려운 문제를 풀어갈 사람들인지 생각할 바가 많다네. 물론 그런 학문을 배운 사람이 필요한 곳도 있지. 철저한 실력 검증을 거쳐 과학이나 신기술 분야에 배치하면 될 것이네.

백성을 위한 정책이나 행정의 달인들은 곳곳에 인재가 수두룩하다네. 지혜 있는 자, 덕이 있는 자, 지식 있는 자, 대학을 다니지 않았어도 인재가 넘쳐나는 곳이 우리나라라네. 유학파들은 대부분 권력자 재력가들의 자손들이 많아. 그런 사람들이 백성들을 마음에 두고 행정을 펼칠 수 있겠는가. 겉모습은 그럴 듯하지만 실속은 별로 없을 것이네. 겉모습으로는 속을 알 수 없는 것이 사람이야.

손 어르신 말씀을 들으니 우리나라는 인재가 많다고 하셨는데 그런 인재를 어떻게 알아보나요.

변산노인 인재란 인간이 이룬 역사를 기억하고 백성의 주거문화를 편안하게 하고 먹거리를 안정시키고 그 터전을 지켜내는 힘을 육성하는 것인데, 이런 것을 능수능란하게 해낸다면 그것이 인재 아닌가. 감정으로 남의 나라를 침략한다면 나중에 그 나라의 보복 침략을 받게 되고, 이런 역사가 인간의 행불을 반복되게 만들거든. 인생만사 새옹지마라는 말이 공연히 생겼겠나.

춘추시대 오월동주라는 말이 있잖은가. 오나라와 월나라가 상호

원한으로 침략하여 결국 백성만 힘들었던 것이지. 백성의 입장에서는 지도자가 누구든지 상관이 없다네. 잘 먹고 잘 살게 해주면 되는 것이지.

　우리나라를 수백 차례 침략했던 중국, 천 년 이상을 해안선에 출몰하여 백성을 살상하고 임진왜란과 36년의 식민지배를 했던 일본, 구한말 우리나라를 침략했던 서구 열강들 즉 프랑스 영국 미국 등도 우리나라에게 커다란 빚을 지고 있네. 인명살상 문화재 약탈 등등 그들도 언젠가는 모두 갚아야 한다네. 그것이 국가의 흥망성쇠 새옹지마라는 것인데, 이런 역사의 흐름은 도도하여 모두가 운명적이네. 특히 일본은 배신과 전쟁 약탈 등 그 도가 지나쳐 엄청난 대가를 치르게 될 것이네. 각 나라마다 한치 앞을 모르면서 국익에 정신이 팔리고 힘자랑하는 판으로 돌아가고 있지만, 잘못의 대가는 스스로 치러야 한다는 것을 몰라서 그러는 것이네. 잘못한 것보다 더 많은 책임을 질 날이 있을 것이네.

　나라도 한 인간의 삶과 같이 떡이 쪄지듯이 서서히 잘못되다가 쓰러지기도 하고 서서히 회복하여 강국이 되기도 하는 것이라네. 처음에 올바른 사람이 올바른 길을 정해서 다스리느냐에 따라서 나라의 흥망이 결정된다고 봐야지.

　지도자들이 처음에는 인재라고 생각하고 고르지만 나중에 보면 발톱을 드러내고 자기의 성을 쌓기 바쁘고, 자기 사람 심기 바쁘고, 자기중심적 인사가 되는 것이지.

옛날 춘추시대 주나라, 한나라, 당나라 등에서도 임금 앞에서 신하들의 질문과 추천된 인물의 답변을 듣고 부국강병을 논의하여 인재를 골라 썼다네. 그런 방식은 일종의 시험인데 임금이 능력 있는 인재를 잘 고르면 강국이 되고 그렇지 못하면 망국이 되었던 것이지. 우리나라도 도덕성, 역사 인식, 이론무장, 경륜, 문제 해결 등등 주관적 답변을 들어 인재를 고르는 방식을 도입하여야 할 것이야. 재산축적 불법비리만 가지고 나라 전체를 시끄럽게 하지 말고 말이야.

많은 사람이 서구 문명을 선호하고 그곳에서 공부한 사람들을 인재라 하지만 그것은 착각일 수 있다네. 서양은 물질을 동양은 정신을 주장하는데 동서양의 가치는 서로 다르다네, 서양의 가치로 우리나라를 다스린다면 그것은 성공하기 어렵지. 가장 좋은 방법은 동양의 정신으로 서양의 실질적 과학정신을 접목하는 것이네. 수장은 동양적 사고방식의 사람을 실무자는 서양적 사고방식이나 추진력이 좋고 실력이 좋은 사람을 고르면 성공할 수 있지. 수장은 덕으로 가는 방향을 제시하고 실무자는 실력을 마음껏 뽐내고 그러면 조직이 활성화되지 않겠나.

송나라 때 수호지를 보게. 싸움도 잘 못하고 똑똑하지도 못한 송강이 백팔인 중 제일 우두머리가 되었는데 그 이유가 무엇인가. 바로 누구도 갖지 못한 덕인이라는 것이지. 베푸는 것은 송강이 제일이었지.

어느 날 출근하여 보니 서양에서 박사학위 받았다고 경험이 미천

한 젊은 사람이 윗자리에 앉아 있고, 어느 날 출근하여 보니 정치권에 붙어 있던 인사가 윗자리에 앉아 아무것도 모르면서 지시와 보고받는 것에만 열심이라면 그 조직이 제대로 돌아가겠나. 정부 인사 중에서 보좌진이 많이 따라다녀야 업무를 보는 인사라면 능력이 없는 인사로 보면 맞을 것이네. 실력이 있는 사람이라면 좌우 한두 사람이면 조직을 충분히 이끌 수 있지 않을까.

나라를 다스리는 지도자는 역사를 깊이 이해하고 성찰하느냐에 따라 경륜의 유무를 알 수 있는 것이야. 역사를 잘 모르는 사람은 지도자가 되어서는 아니 되네. 지도자들이 그것을 잘 모르고 외국이나 국내에서 대학이나 박사를 딴 사람들을 선호하는데 그것이 잘못된 일이야. 간판은 그럴 듯하지만 실력이나 경험, 사람과 어울리는 일은 못하는 사람들이 많다네. 지도자는 기술적인 것은 잘 몰라도 된다네. 그런 사람을 골라 쓰는 안목만 갖추면 되는 것이지. 그런 사람들을 찾자면 주변에 생각보다 많다는 사실에 깜짝 놀랄 것이야.

박 그래도 현대에는 복잡하고 난해해서 교육을 받지 못한 사람은 사람을 다스리는 기술도 부족하고 잘못하면 잘 따르지도 않아 조직사회에서는 인성도 중요하지만 지식이나 기술도 중요하다고 생각하는데요.

변산노인 물론 그렇지. 지식이나 기술적인 결함이 있는 사람을 고르라는 이야기가 아니네. 우선은 많이 듣고 적게 말하는 후덕한 사람, 지혜가 있는 사람, 추진력이 있는 사람, 강할 때 강하고 약할 때 약한 사람, 공사 구분이 확실한 사람, 청렴결백한 사람, 복잡한 것 같지만 그런 사람을 찾아보면 많이 있다는 것이지. 단지 찾는 노력을 하지 않고 자기가 안다고 생각하는 주변 인사들을 임명하는 것이 좀 허망할 뿐이야. 도덕적으로 하자가 많은 사람을 쓰면 일을 추진하는 동력이 약화되어 좋은 정책도 실패하기 쉽네. 국민들이 그 사람 말을 신뢰하지 않기 때문이야.

수장을 선정하고 상호 교차하여 근무하는 관제를 정립한다면, 서로 협력하고 조율하고 정책을 추진하고 잘못은 서로 시정하면서, 대한민국의 모든 기관이 효율적이고 비리가 없는 맑은 사회가 될 것이야. 즉 옳은 일은 서로 하려고 하고 잘못은 서로 하지 않으려고 하는 정부 문화가 정립되는 것이지. 패거리 문화가 없어지게 될 거야.

현행 제도로도 인사권자의 의지만 있다면 이런 관제를 도입하는 데 무리가 없을 걸세. 파견명령으로 근무지를 정해주면 되는 것이니만큼 그렇게 복잡하지는 않을 것이네. 처음부터 전 부처를 대상으로 하지 말고 먼저 사정기관부터 그리고 행정안전부 기획재정부 그런 순으로 상호 교차근무제를 시행한다면 성공할 것이네.

한군데에 끼리끼리 집단이 모이지 못하게 인사하고 지역이나 학연 혈연까지 안배하여 각 부처에 골고루 분산한다면 가능한 일이지.

또한 우리 사회는 물질문명이 만연하여 보이는 것만 중요하고 인성은 뒷전으로 밀리고 있네. 학교나 직장에서도 착한 사람이 대우받지 못하고 야비하고 약삭빠르고 줄서기 잘하고 오르는 것에만 정신 팔린 사람들이 먼저 출세하는 것 아닌가. 옆이나 뒤를 돌아보는 문화가 실종되어 있어. 생각해 보게 일등은 한 명이지만 나머지 인원이 훨씬 많잖은가. 일등 한명을 위한 정책이나 행정을 펼쳐서야 되겠는가. 많은 사람이 행복하고 잘 사는 정책을 펼쳐야 옳은 것 아닌가. 그래서 뒤돌아보고 옆을 보는 지도자가 필요한 것이야. 그러나 현실은 출세했다고 하는 사람들 대부분이 소인배 아니면 권력지향적 부정축재형 과시형 사람들이 판을 치고 있으니 백성을 살피는 일은 뒷전일 수밖에 더 있나.

관리나 지도자라면 재산은 먹을 만큼만 있으면 되는 것 아닌가. 그래야 존경을 받지. 재산이 많은 사람들은 아예 제도권에서는 임명을 배제하여 원천 봉쇄하는 관료 문화가 정착되어야 해. 재산을 많이 축재한 사람들 대부분이 무엇인가는 문제점이 있는 사람들이지.

박 정당한 방법으로 재산을 형성한 사람들도 있지 않습니까.

변산노인 물론 있지. 그러나 지나치게 많은 재산을 가지고 있는 사람은 공직에서는 배제해야 해. 아니면 사회에 환원하는 문화가 정착되어 그런 사람이라면 가능하겠지. 공직사회에 청렴하지 못하면 발 들일 틈을 주지 말라는 취지니까 올바르게 재산을 축적한 사람이라도 공직에는 오르지 못하게 제도적으로 차단해야 해. 우리사회에 고위공직자가 재산을 형성하는 과정에서 불법을 저지르지 않은 사람이 과연 존재할까. 과거에 청문회를 보면 모두 문제점을 가지고 있다는 것이 증명되지 않았나. 고위직에 오른 사람들이 언제 그렇게 재산을 축적했는지 의문투성이 아닌가.

기자 지도자는 역사를 성찰하여 오늘을 살피고 백성을 생각하고 적재적소에 맞는 인사를 발탁하고 서로 교차하여 부처를 관리하고 본인은 청명하게 살아야 한다는 말씀이군요. 역대 정권에서 그런 사람을 찾을 수 있겠습니까.

변산노인 지도자 중에는 없을 것이네. 이미 잘못될 대로 잘못된 정부조직이 새롭게 거듭난다는 것은 쉬운 일이 아니지. 생각은 쉽지만 실천하기에는 많은 어려움이 있을 것이네. 그런 제도를 도입하려 한다면 기존세력의 저항도 클 것이고 공직사회가 학연 지연 혈연 정치권 등 복잡하게 연결되어 있어 강력한 실천 의지가 없다면 실행은 어려운 일이지. 현재는 단순한 시대가 아니야.

손 그런 문제점들을 해결하려면 지도자를 잘 세우고 혁명 같은 강력한 실천 의지가 있어야 한다는 말씀인가요.

변산노인 새로운 제도를 도입하려면 사람을 잘 세우는 것이 중요하다는 것이지. 사실 혁명이 거창한 것 같지만 사람을 바꾸는 것이 혁명이야. 사람의 일이란 이야기지.

지혜 있고 덕망이 있는 사람이 추진력을 겸비하고 올바른 방법으로 나라를 다스린다면, 법을 세우고 불법과 탈법을 일소하고 기강을 세울 의지가 있다면, 일은 생각보다 쉬울 것이네. 현재의 권력자, 재벌, 정치인 등 끼리끼리 문화는 서로 이전투구로서 살아남기 위해 발버둥칠 걸세. 그들의 최대 약점은 불법 탈법 아닌가. 그들 중에 불법을 저지르지 않은 사람이 한사람이라도 있을까. 말로는 힘을 과시하지만 강을 써서 그들을 개별 단죄한다면 서로 빠져나오려고 온갖 추태와 함께 공멸할 것이야. 최근에도 비리가 드러나면 절대 아니라고 발뺌부터 하고 보는 낯두꺼운 사람이 많지 않은가.

과거의 관행은 과감히 버려야 하고 그런 사람도 과감히 버려야 한다네. 그래서 어렵다는 것이지. 새롭게 거듭난다는 것이 현대와 같은 분열시대에는 힘난한 일이야.

박 그래도 현재의 흐름을 바꾸지 못하면 어떻게 될까요.

변산노인 국가의 분열상이 극대화되겠지. 국민 불신시대가 도래할 것이야. 국가의 모든 조직 단체 기업 등 불신시대가 온다면 백약이 무효가 될 것이네. 국민 불신시대가 오기 전에 국가를 바로 세울 지도자가 나와야 하는데 걱정이네.

기자 사실 저는 정치권이 청렴 깨끗해야 한다고 생각하는데 그들이 쉽게 변할까요. 기득권을 내려놓으려 하지 않을 텐데요.

변산노인 정치권 인사들이 가장 큰 문제지. 어쩌다가 우리나라 정치권이 이런 지경이 되었는지 한심해. 어디에서부터 손을 봐야 하는지 방법이 없는 것 같아. 국익이 무엇인지도 모르고, 조그마한 이득을 위해서라면 상대 당을 무참히 공격하고, 유언비어를 퍼트리고, 가짜뉴스를 생산하고, 인간성을 찾을래야 찾을 수가 없으니 한심한 집단이야. 정치악이 이렇게까지 성장하여 나라를 위태롭게 할 지경까지 다다랐으니 시대의 흐름이라고 하기에는 그 해악이 너무 지나쳐.

옛날 효종 때 송시열과 허목 이야기를 해볼까. 우암 송시열은 모두 아는 것처럼 중국에서도 알아주는 당대의 성리학자로 서인의 거두였네. 미수 허목은 남인의 거두로 송시열과는 자주 유교이론과 국정 전반에 걸쳐 대립을 하였네. 그러던 어느 날 송시열이 병이 들어 여러 방면으로 약을 써보아도 낳지 않으니 허목 선생에게 처방을 내 줄 것을 제자를 시켜 부탁하였네. 허목 선생은 제자에게 습관이나 상태 몇 가지를 물으니, 제자가 선생님은 어린아이의 오줌을 몇 년 동안 상복했다고 말하였네. 허목선생은 고개를 끄덕이고 처방전을 써 주었는데, 제자가 처방전을 받아들고 오는 중에 펴보니 비상이라는 독약이 들어 있었네. 제자가 생각하기를 우리 선생을 죽이려고 작정을 했구나 싶어 비상을 반만 써서 송시열에게 주었다네. 그러자 송시열은 쾌차를 보여 건강을 회복하였는데, 얼마 지나서 다시 병이 들었다네. 다시 허목 선생에게 제자를 보내 처방전을 부탁하였으나 허목 선생은 그 제자에게 비상을 얼마나 썼느냐고 물으니 처방량의 반을 써서 약을 지었다고 실토하더라네. 그러자 허목 선생은 자네가 자네 선생을 죽게 만들었다고 하더니, 동자의 오줌을 오래 장복한 사람은 식도에 백태가 끼어 약이 잘 받지 않는다고 말하며, 비상을 써서 식도에 붙은 백태를 제거한 것인데 자네가 반만 썼으니 백태가 반만 제거되어 이제는 비상을 쓸 수도 없게 되었다면서 제자를 돌려보냈다네. 송시열은 반대당의 거두지만 허목의 실력은 인정하였고 내 병은 허목 아니면 낫지 못하겠구나 생각하였던 것이지. 그러나 그 제자는 잘못 해석하여 제대로 처방전을 쓰지 않은 것이지. 사실 허목 선생은 이조시대의 불가사의한 인물이라네. 전해오는 이야기로는 허목 선생은 송시열을 애기 다루듯 하면서도 잘한 것은 인정해 주고, 다툼이 있을 때는 송시열이 어떻게 하는지 보기 위하여 반대도 하고 딴지를 걸었던 것이지. 한마디로 그 유명한 송시열을 한 수 아래 접고 대했던 것이라네.

내가 이렇게 장황하게 송시열 이야기를 한 것은 그때 정치인들은 반대 당이지만 인간미가 있었고 국익을 위하여 양보도 하고 서로 의지하기도 하였다는 것을 말하려고 한 것이네.

요즘 보면 사람이 너무 소인배야. 적은 것은 부풀려서 공격하고 잘한 것은 딴지 걸고 못한 것은 확대 포장하여 금방 나라가 망할 것처럼 호도하고, 자기 잘못은 죽어라고 아니라고 발뺌하고, 나중에 들통나더라도 잘못을 시인하기는커녕 정치공세라고 역공하고, 어떻게 선은 없고 악만 남은 것인지, 정말 국민을 바보로 아는 것인지, 그 비굴함이 도를 넘고 있는 것 아닌가. 이들을 바로잡는 방법은 모두 물갈이 하는 수가 상책이지만 현시대에는 임기라는 것이 있어 죽일 짓을 하더라도 고개를 들고 행세하는 시절 아닌가.

이제는 전략적으로 언론을 통해 정화해야 한다는 여론을 형성한 다음, 그동안 정부에서 보유하고 있는 자료를 바탕으로 속전속결을 통해 본보기로 다스려야 하네. 이것은 강의 전략이야. 대통령의 권한을 강하게 써야 하는 시절인 것 같으니. 질질 끌며 눈치를 본다면 역공의 실마리를 줄 수가 있네. 여야를 가리지 말고 과거의 불법 탈법을 가려내어 정신 못 차리게 밀어붙인 후 언론매체를 통해 도덕적 해이, 불법 불감증, 이기주의 등을 집중 거론하여 국민의 신망을 얻어야 한다네. 권력은 항상 백성의 여론에서 나오는 것이야. 특히 정치권을 물갈이할 때는 여론을 의식하면서 실행할 수밖에 없네. 그런 조치가 바로 폭포수가 흘러가는 방식이야. 과거 군인사가 정권을 잡을 때 지나치게 강압을 써서 불법이 드러났지만, 옳은 방법으로 정당하게 추진한다면 성공할 것이네. 전쟁에서 사용되었던 속전속결의 작전을 불법을 일소하는 데 올바르게 써먹는다면 명분에서도 밀리지 않을 것이야.

유의 전략은 정치권 사람들에게 불법이나 비리가 많은 사람들은 사회에 환원하고 스스로 물러나도록 하는 것이야. 지혜로운 사람이라면 스스로 모든 직을 내려놓고 처분을 바랄 것이네.

속전속결 외에 어설프게 정치권을 친다면 법조인과 연합하여 정치탄압을 외치며 강력히 저항할 것이고 추진세력들도 동력이 떨어져 실패할 것이네. 우리나라 정치가들이 거짓말의 명수 아닌가. 국익은 뒷전이고 살아남기 위해 혼란만 가중될 것이네. 정치인들이 재판에서 뻔한 죄를 짓고도 뻔뻔하게 풀려나는 것을 많이 보아 오지 않았나.

손 비리근절을 위해 부처를 상호 교차근무하게 한다고 하셨는데 구체적으로 말씀해 주시면 좋겠습니다.

변산노인 다시 말해 상호 교차근무제란 본처의 사람은 부서장과 한명의 책임자만 남아 있고 다른 사람들은 타 부처에서 파견된 사람들이 근무하는 것이야. 파견된 사람은 본인의 기본 근무처가 아니니 눈치를 보지 않고 소신껏 일할 테고, 잘못된 부분은 본부에 연락하여 시정하고, 파견지에서도 적극 협조하지 않으면 또 견제를 당하고, 그렇게 상호 소신껏 일하는 문화를 만드는 것으로 가장 이상적인 조직사회가 될 것이네. 말하자면 기획원에서 파견된 사람은 예산을 다루는 사람이 된다는 것이고, 행안부에서 파견된 사람은 인사관리, 검경에서 파견된 사람은 사정을 맡고, 이렇게 각 부처에서 파견된 사람이 전공분야를 맡는 방식이지. 그러면 서로 눈치를 볼 필요가 없이 소신껏 자기 일에 충실하면 되는 것이네. 나머지 기술적인 분야는 전문가들이 보면 되는 것이고. 특히 감사나 예산 인사관리는 상호 교차근무제가 도입된다면 대부분의 일상비리는 사라질 것이네.

지방과 중앙의 인사들도 서로 교차 인사하면 대형공사나 지방의 공사 비리도 없어질 것이고 중앙에서 근무한다고 지방인사를 홀대하는 일도 없을 것 아닌가.

최근 말이 많은 법무부를 예로 들면 법무부 수장이나 검찰의 수장은 군에서 발탁하는 것이 좋은 방법이네. 법 공부만 했던 사람보다는 실전이나 경륜에서 추진력이 좋은 군 인사 중에서 청렴 강직하며 지혜가 있는 인사를 발탁하는 것이지. 그렇게 된다면 군 검찰인력을 활용할 수도 있고, 검찰에서도 강력하게 저항하지 못할 것이네. 그 다음 검사나 변호사 중 백성 편에서 일했던 사람을 쓴다면 연결고리를 차단하는 것은 성공할 것이네. 그리고 과거의 기록을 참조하여 정치권이나 재벌 권력자들에게 아첨하며 출세지향적인 사람을 불법 비리로 가려내고, 새로운 기강을 세운다면 흐름은 돌릴 수 있지 않겠나. 그 후 조직을 송두리째 교차근무를 시키면 이질적, 배타적, 권위주의적, 비합리적 관료들은 스스로 도태될 것이네. 바람이라는 것은 한번 방향성을 가지고 불기 시작하면 돌리기가 어려운 법이지.

법원도 현재의 법관들은 너무 끼리끼리 문화가 심해. 변호사들과 선배 후배 고향 등으로 얽혀 뒷거래 하는 경우도 언론을 통해 많이 보아 왔지 않나. 대형 로펌이라고 한다는군. 오죽하면 일본 편을 들어가면서 판결을 하겠나. 그만큼 법관과 변호사들의 밀착이 심각하다는 것을 증명하는 것 아닌가. 법관들은 판결이 자기 고유의 권한이라는 것을 강조하면서 온갖 부조리가 양산되는 것이지. 법원의 수장이 정치권과 거래하고 판사들의 인사권을 남용하여 권한을 부리고, 전관예우라는 것을 적극 활용하여 법원을 나오는 순간 엄청난 뒷돈을 챙긴다는 것을 보도를 통하여 국민들은 다 알고 있는 사실 아닌가. 시골 노인네인 나도 알고 있으니 뿌리가 깊은 것이지. 법의 정의를 세운다고 말하지만 뼛속 깊이 파고든 비리가 쉽게 사라지기는 어려울 것이야. 일신하고픈 지도자의 굳은 마음이 없다면 불가능한 일이야.

각 부처는 물론이고 대한민국의 조직 단체가 좀 많은가. 협회, 위원회, 회의 등등 그렇게 많은 단체들이 대부분 이권단체 아니면 권력단체로 행사하는 것을 많이 보지 않았나. 이기주의가 극에 달한 현상들이 곳곳에서 농성을 보면 증명되는 셈이지. 들어보지도 못한 유령단체들이 왜 그렇게 많은지 우리나라는 어디로 가고 있는지 걱정이네. 그들이 이권을 위하여 각 부처 앞에서 농성하고 또 반대세력이 등장하고 그렇게 혼란이 가중되는데도, 정치권에서 오히려 그들을 이용하고 여론을 조장하고, 이것이 정녕 민주사회인가 의문이 드네. 지도자의 굳은 의지가 필요한 시점이야.

박 법관과 변호사의 유착문제도 이제는 관행처럼 되었는데 바로잡는 것은 난제인 것 같은데요.

변산노인 난제는 난제야. 그들은 잘난 사람들이라 다루기도 쉽지 않고 재판을 받는다고 하더라도 자기 식구가 판결하니 뭐라 할 수도 없고 큰 문제지.

그들은 정치권과 언론에서 바로잡을 수밖에 없네. 전수조사를 통하여 비리를 찾아낸다면 법관 중에 버텨날 법관이 몇 명이나 있겠

나. 법원 내 신임 법관들에겐 오히려 폐습을 버릴 좋은 기회가 될 것이네. 곪아 터져야 다시 거듭날 수 있어.

　이 모든 문제를 해결하기 위하여는 인사가 우선이네. 법원의 수장을 임명할 때 지도자가 명분을 내세워 청렴 강직 추진력 있는 인사를, 언론 등 각개각층의 의견을 수렴하여 공개적으로 찾아 세운다면 명분도 있고 국민의 신망을 얻을 수도 있을 것이지만, 몇몇 인사의 추천을 통하여 관행적으로 법원 식구 중에서 찾는다면 결국 제자리 걸음일 걸세.

　일신하기 위한 첫 과제는 바로 인사를 바르게 하는 것에서 출발하는 것이네. 다음이 불법 비리를 단죄하는 것이고 다음이 다시는 그런 비리를 저지르지 못하는 관제를 정비하는 것이지만 보통의 의지로 역풍을 받아가며 실행할 수 있겠나. 요원한 문제일세. 그런 지혜로운 지도자가 나오기를 간절히 바랄 수밖에.

　사실 법원뿐만 아니라 모든 부처의 인사문제는 원칙을 세워야 하는데 그것이 관건이야. 인사는 목화토금수 오행의 성질과 이치를 살펴 적재적소에 앉히면 성공할 수 있겠지만 지도자들이 그런 방식을 알고 있는지 모르겠네.

　오행 중 불(화)은 한번 붙으면 세차게 위로 올라가지만 꺼질 때는 소리 없이 꺼진다네. 그것은 민심이네. 토는 물과 결합하면 그 용도가 무궁하며, 물과 불과 결합하여 또 다른 물질을 만들어 낸다네. 토를 잘 못 이해한 사람들은 끊임없이 쌓고 쌓아 권력이나 재물을 축적하지. 따라서 토는 만물을 받아들여 생성하기도 하지만 쌓는 것을 좋아하여 인간을 망하게도 한다네. 토는 덕과 지혜의 의미지만 욕심이기도 하지. 목은 토의 바탕에서 물을 흡수하며 생명을 유지하며 인간을 길러내니 그 자체로 삶의 근본이고 금은 강하고 굳건하여 힘을 상징하니 목화토금수를 생각한다면 인간은 오행의 성질을 모두 가지고 있어. 그것으로 교육하고 치고 지키고 쌓고 다스리는 것이라네. 음양오행이라고 하면 고리타분하고 옛날 사고방식이라고 말하는 사람도 있지만 서양에서 공부한 사람들은 이해할 수 없는 학문이라네. 오행이라는 법칙은 지금도 지구상 한 군데도 빠진 곳 없이 골고루 기운이 돌아가는 것 아닌가. 그래서 인간이 살아갈 수 있는 것이고.

어떤 일을 해결할 때 오행의 기운 중 어떤 기운을 택하여 일을 해결할 것인지 판단하여 일을 처리한다면 성사될 것이네. 경찰의 수장은 어떤 사람을 써야 하겠나. 금의 기운 아니면 적어도 목을 기운을 써야지 수나 토의 기운은 맞지 않을 것이네. 너무 유한 사람은 아니 된다는 이야기일세. 학교 선생은 목의 기운과 수의 기운을 쓰면 좋다는 것이지. 그러나 명심해야 할 일은 각 조직에 오행의 기운은 모두 있어야 한다는 것이야. 그래야 상호 보완하고 협조해 나가지. 예를 들면 오행의 상생상극처럼 부처의 수장을 목의 기운을 썼다면 차관은 화의 기운이나 수의 기운을 쓰고, 군의 수장을 금의 기운으로 썼다면 참모진은 수의 기운이나 토의 기운을 쓰고, 수장을 화의 기운을 썼다면 참모진은 목의 기운이나 토의 기운을 쓰고, 수장을 토의 기운을 썼다면 참모진은 화의 기운이나 금의 기운을 쓰면 조화가 잘 이루어진다는 것이지.

오행은 어떤 기운도 완벽하게 우위에 있는 기운은 없다네. 모두 상대적이라는 것이지. 오행은 독립적이고 서로 상극이고 상생하지만 각각의 기운을 유지하면서 극과 생을 오가는 묘한 이치가 있네. 따라서 극이 가면 생이 오고 생이 가면 또 극이 도래한다는 것. 돌고 도는 지구와 같이 역사도 사람도 자연도 돌고 돈다네.

기자 지도자는 오행의 이치도 알아야 하고 역사도 알아야 하고 사람도 잘 살필 줄 알아야 한다는 것이 어르신께서 말씀하신 요지인가요.

변산노인 지도자나 부처의 수장이 되는 사람들의 덕목이라고 해야 할까. 하지만 우리는 학교에서는 가르치지 않고 있고 오히려 인성보다는 영어 수학 과학 쪽의 지식교육만 몇십 년을 하였으니 그런 덕목을 갖춘 인물을 어느 곳에서 찾을 수 있단 말인가. 근대 우리나라의 교육현장에 인성 역사 세상의 이치에 대한 제대로 된 교육이 있었는지 모르겠네. 그 결과로 현재의 정치권 권력기관의 인사들이 된 것 아닌가. 간단한 것이지만 실행은 쉽지 않을 것이네. 농사의 농자도 모르는 선생이 어떻게 학생들에게 먹거리의 중요성을 가르칠 것인가. 사시사철의 이치를 모르는 사람이 세상이 돌아가는 법칙을 어떻게 가르칠 것인가. 달의 움직임에 따라 조수 간만의 차가 생기면서 바다가 숨쉬고 생물이 살아가는 것인데, 현재 학생 중에 이를 알고 있는 사람이 몇이나 되는지 궁금하네. 우리 학생들이 세상이치에 대하여 얼마나 배웠는지 궁금하네.

  교육문제는 다음에 기회가 되면 이야기함세.

3. 외교 국방문제는
지혜롭지 않으면 화근을 불러

하지가 지나고 점점 무더워지는 날씨에 밖에서 변산노인을 찾는 인기척이 있었다.

변산노인 자네 아닌가. 이 더운 날씨에 어쩐 일인가.
기자 예. 편히 계셨는지요.

변산노인 요즘 돌아가는 세상이 재미있기는 하네.

기자 저 밖에 손님이 더 있습니다. 점심 전이시면 같이 식사를 하시지요.

변산노인 어 그래 잠깐만 기다리게.

시골 냄새 물씬한 한적한 식당에 도착하자 먼저 수인사가 있었다.

윤 저는 모당소속 윤아무개입니다. 처음 뵙겠습니다.

이 저는 동양신문 이아무개입니다. 말씀 많이 들었습니다.

변산노인 윤 선생은 국회의원을 지내신 분인데 어려운 걸음 하셨습니다. 시골노인인 제가 알면 얼마나 알겠습니까. 배움도 없고 그저 농토쟁이일 뿐입니다.

기자는 그사이 피순대 안주와 막걸리 그리고 순댓국을 시켰다.

기자 어르신. 건강은 좋으시죠. 무더운 날씨에 건강하셔야 합니다. 그리고 오늘은 윤의원께서 어르신께 인사나 드린다고 오셨습니다. 그리고 이기자도 아시지요. 방송에 자주 나오는 유명인사입니다.

변산노인 안면은 많이 있지요. 어찌되었든 만나 뵙게 되어 반갑습니다. 김상길입니다.

윤 어르신 말씀을 낮추시고 편하게 대해 주세요. 기자와는 오래

전부터 알고 지내던 사인데 어르신 말씀을 듣고 같이 찾아뵙자고 제가 먼저 제안을 하였습니다.

이 저 또한 국제정세가 걱정도 되고 답답하기도 하여 이렇게 찾아뵙게 되었습니다.

윤 최근 들어 북한의 핵개발 문제, 미국의 경제제재, 미중 간 무역마찰, 북미 간 핵협상 등등 상호 견해차가 많아 협상이 어려운 실정입니다. 북한과 미국의 입장 때문에 의견이 좁혀지지 않고 있고요. 정부도 방향설정이 난해하여 의견 통일이 어려운 지경입니다.

이 더 걱정인 것은 미국의 정책이 국익 우선이 되다 보니 더욱 걱정입니다.

기자 사실 오늘은 저도 어르신께 우리나라 입장을 듣고 싶어 같이 찾아뵈었습니다.

변산노인 일단 한잔씩 하시고 생각해 봅시다.

두어 순배가 돌아가고 변산노인이 말을 꺼냈다.

변산노인 이 문제는 우리나라의 신중한 대응이 필요한 부분이야. 먼저 현 지구촌의 시계가 어디를 가고 있는지 살펴보아야 하네. 현시대는 국가 간에도 선과 악, 과거와 현재가 병립되어 선인지 악인지 과거인지 현재인지, 각국의 이해관계가 실타래 같이 꼬여 있는 시대지. 각국의 생각이 서로 다르고 감정이 다르고 문화가 다르고 경제여건이 다르고 언어가 다르다 보니, 각 꼬임이 성장에 성장을 거듭하여 최대 분열시대가 되었고, 국익 우선시대가 된 것이지. 각국의 정치인들은 그런 사정을 선거에 교묘히 이용하여 국민의 감정에 불을 붙이고 국익 우선의 주장을 내세워 이해 당사국간의 의사소통이 더욱 어려운 시절이 되었네.

그런데도 무역 전쟁까지 겹치면서 더욱 세계가 꼬여가는 형국이 되었지. 이러한 지구촌을 먼저 전제하여 생각하여야 하네.

우리나라를 보면 주변에는 지구촌 4대강국이 우리를 둘러싸고 첨예하게 군비경쟁과 무역전쟁을 하고 있는 것 아닌가. 또 우리는 미군이 우리땅에 주둔하면서 중국과 러시아가 항상 우리를 좋게만 보지 못하는 현실이 계속되고 있는 것이고.

국내 사정을 보면, 최강 미국을 대하는 태도가 사람에 따라 주장이 다르고, 정치권의 주장도 각각 다르니 정부에서도 의견 조율이 쉽지 않을 것이네. 또 같은 나라에 살면서 북한을 대하는 정치권의 태도가 백팔십도 달라, 국내의 의견 통일도 어려운 사정 아닌가. 서로 얼굴을 맞대고 의견을 맞추어도 어려운 난제인데, 한곳에선 머리를 짜고 있고 한곳에서 당리당략인지는 몰라도 공격만 하고 있으니 나도 사실 답답하다네. 이렇게 국론이 분열되어 있다는 사실이. 대의를 보지 못하고 소의만 생각하는 일부 소인배 정치인 때문에 문제야. 그리고 이념논쟁이 심화되다 보니 어이가 없는 흑백논리가 난무하고 있어.

학자 정치인 북한전문가 등등이 자기 의견이 옳다고 주장하기에 바쁘고, 정부 내에서도 청와대 국방부 외교부 등등 의견이 일치하지 않으니 일괄된 정책을 펴기에 한계가 많을 것이네.

보수파에 동조하는 사람, 동족의 입장에서 풀어야 한다는 사람, 중국의 입장에 동조하는 사람, 미국의 의견에 동조하는 사람, 북한을 감싸 안아야 한다는 사람, 러시아 의견을 들어봐야 한다는 사람, 일본과는 싫어도 좋은 관계를 유지하는 것이 바람직하다는 사람 등등 우리나라 안에도 너무 많은 의견이 존재하는 것이 사실 아닌가.

나라를 통치하는 지도자들은 의견을 종합하여 길을 안내하는 지혜가 있어야 하는데, 불행하게도 우리 지도자들은 주관적으로 판단하고 자기주장과 일치하는 의견만 들으려 하니 실패가 반복되고 있는 것이지. 외교무대에서도 우리 몫을 찾기에 어려움이 많은 것은 사실 아닌가. 그리고 정권에 따라 정책의 일관성도 없고 신뢰도가 왔다 갔다 하였지.

윤 딱히 우리 의견대로 추진할 것도 없는 것 아닙니까.

변산노인 맞는 말이야. 우리나라의 의견이 각 나라의 의견과는 서로 상충될 수밖에 없는 것이지. 미국의 의견에 따르면 중국이나 러시아가 가만히 있지 아니할 것이고, 중국의 의견을 따르면 미국이 우리를 의심할 것이고, 그렇다고 딴지만 걸어온 일본의 의견을 따를 수도 없고, 러시아 의견을 들어줄 수도 없는 것 아닌가.

사실 우리가 미국의 의견에 너무 동조하는 경향이 있다 보니, 중국은 우리나라를 항상 경계하면서 북한과는 경제적 외교적으로 협조를 하는 모양이지. 그것은 우리가 자초한 일이야. 국방과 외교는 한몸 같이 움직여야 하는데, 특히 미국이 국익 우선의 정책을 펴다 보니, 각국과의 무역문제가 걸리고 군비 문제가 발생하면서 혼선이 있는 것 아닌가. 우리나라 지도자들은 항상 생각을 많이 하면서 살아야 하네.

　우리나라 주변의 4대 강국들은 토끼를 먹으려고 으르렁대는 이리 떼와 같은 형국이야. 미국이 토끼를 보호하고 있기는 하지만 그들의 국익에 전혀 도움이 되지 않는다면 바로 버릴 것이네. 잘 생각해 보게. 미국의 발밑에 있는 토끼가 중국과 대화를 나누고 친하게 지내려고 한다면 미국이 가만 놔두겠는가. 그리고 일본과 친하게 지내려고 한다면 중국이 가만히 보고만 있겠는가. 토끼가 러시아와 친하게 지내려고 서로 왔다 갔다 한다면 미국이나 중국이나 일본이나 경계의 눈초리로 토끼를 감시하겠지. 그것이 우리나라의 정확한 입장이라네.

　우리가 중국과 경제적으로 협조하고 친하게 지내면 바로 미국이 외교적으로 다리를 걸고 늘어지고 국방에 대해 들고 나오는 것이지. 방위비 부담이다 일본과의 친밀함을 과시한다 기업이 어떻다 무역이 어떻다 하면서 여러 방면에서 다리를 건다네. 반대로 우리가 미국에 너무 치우치면 중국이 북한과의 혈맹을 과시하고 무역보복을 한다 방위비를 증강한다 난리 아닌가. 우리나라가 러시아와 경제적으로 가까워지려고 하면 미국에서 여러 방면으로 다리를 걸고 우리 정책에 시비를 거는 것이지. 방위문제만 그런 것이 아니고 무역문제도 그런 맥락이지.

그러니 이리떼한테 의리가 어디 있고 도덕이 어디 있겠는가. 국가 간에는 그렇다네. 그러니 우리가 동맹을 맺었다고 협조를 약속했다고 안이한 생각을 한다면 그것은 착각이라네. 기업체의 진출도 국가적으로 접근해야 하고 인적교류도 사실은 국가적으로 접근해야 해. 다른 나라에서 보고 있다는 사실을 알아야 한다네.

이 그렇게 보면 우리나라에서 해야 할 일이 별로 없는데 어떻게 헤쳐 나가야 하나요.

변산노인 어려운 문제야. 그러니 지도자들이 정신 바짝 차려야 한다는 것이지. 과거에도 여러 번 있었지 않나. 중국과 교류가 활발하면 미국에서 방위비다 무역불균형이다 들고 나오지 않나. 어느 안건이 생기면 바로 다른 쪽으로 공격을 하는 것이지. 그러면 어떻게 하는 것이 가장 좋은 방법일까. 이미 기업체에서는 그렇게 하고 있다네. 대기업에서 상대국에 투자를 할 때는 미국에만 하는 것이 아니고 중국에도 투자하고 러시아에도 투자하는 방식이시. 그리고 대한민국이라는 점은 감추고 세계적 기업을 강조하며 홍보하는 것이지. 그러면 대한민국은 없고 기업 이름만 남는 것 아닌가. 그러나 이것은 기업의 문제이고 국가 간의 문제는 특히 우리나라의 입장은 많이 다르네.

모든 투자 활동이 전략적이어야 한다는 것이지. 그들이 우리에게 무역보복을 한다면 어떻게 대처할 것인가 등등 철저한 분석이 필요한 것이야. 기업체뿐만 아니라 국가적으로 말이야. 사실 우리나라 국정원에서 해야 하는 것이 그런 일이야. 그 분석을 기업체와 공유하고 국익 차원에서 접근해야 한다는 것이지. 그런데 우리나라의 정치 풍토는 기업에 믿음을 주지 못했고 독자적으로 투자하다 보니 해외사업에서 손실도 많은 것으로 알고 있네. 그 손실을 국내에 투자했다면 경제성장도 일자리 창출도 지금보다는 나아졌을 것이네. 전략의 부재가 나은 결과야.

아무 일도 하지 않는 방식이 아니라 지혜롭게 대처해야 한다는 것이지. 우리가 국방이다 북한문제다 너무 많은 힘을 들이는 것이 문제야. 우리가 방위비를 확대한다는 것은 미국의 첨단 군수품을 수입해야 하는데 중국의 입장에서 가만히 보고만 있겠는가. 다른 나라와 입찰경쟁도 제대로 하지 못하고 일방적으로 들여오는 나라가 우리나라인데 군사시설을 증강하는 것은 상대국을 자극하는 것밖에 되지 못하네. 비행기다 해군기지다 레이더시설이다 이런 것들은 당연히 중국의 심사를 건드리는 일이고 그들은 가만히 보고 있으면서 우리에게 호의적이겠는가.

각국 특히 우리 주변의 나라들은 상대적으로 반응하는 것이라네.

어떤 일이 벌어지면 다른 곳에서 또 다른 일이 벌어지는 것이지.

외교적으로도 마찬가지야. 우리나라 지도자가 상대국을 방문하면 상대국에서는 촉각을 곤두세우고 있는 것이고 경제적 투자 결정이 나면 상대국에서는 또 다른 요구를 하는 것이란 말이야. 어느 한 가지라도 편하게 정할 수 없는 것이 우리나라의 운명이지. 우리나라가 중국에 너무 많은 투자를 하니까 미국에서 무역보복이다 수입제한이다 하지 않는가. 그리고 다른 투자를 요구하는 것이지. 그 결과가 우리 대기업들이 앞다투어 미국에 현지 공장을 신설하는 것 아닌가. 그저 이익만 바라보면서 투자하였겠는가.

정부에서는 투자가 이루어지면 전략적으로 대응하는 팀을 가동하여야 하는데 정권이 바뀔 때마다 정책이 바뀌고 인물이 바뀌다 보니 일관성이 없고 신뢰가 깨진 것이야. 기업체에서 정부를 믿지 못하는 결과가 된 것이지.

또 기업체에서는 투자 손실을 메우기 위하여 노동문제를 유연하게 이끌지 못하고 이익금에 대한 사회 환원에 소극적이게 된 것이지. 대기업들은 잉여금을 금고에 넣어두고 정치권을 관망하면서 불법을 각오하고라도 경영권을 유지하려고 온갖 수단이 동원되는 것 아닌가. 세금을 덜 내려고 권부에 손을 쓰고, 내부거래를 통하여 자금을 밀어주고, 그렇게 자기들만의 거대 그룹공화국을 만든 것 아닌가. 지도자들이 지혜롭게 대처하지 못한 결과들이야. 그러나 잘못된 방향을 바로잡는 것은 처음 방향을 설정하는 것보다 훨씬 어렵다네.

윤 현재 우리의 입장에서 국방문제는 어떻게 대처하는 것이 현명할까요.

변산노인 기본적으로 주변국의 의견을 먼저 들어주는 전략으로 접근하여야 하네. 주변국보다 앞서 우리문제는 우리가 해결한다는 방향이 설정되었다면 주변국은 협조보다는 지켜보자는 심사로 상황을 관망하면서 이해득실을 계산하고 있을 것이네. 그래서 주변국의 의견을 먼저 들어보는 전략으로 인내심을 가지고 작은 것부터 실천 가능한 일이 무엇인지 접근하여야 하네.

미국의 의견에 동조하다 보면 군비경쟁만 가열될 것이네. 우리가 아무리 군비를 확충하고 첨단무기를 도입해봐야 예산만 낭비할 뿐 미국이나 중국을 앞서지는 못하는 것이네. 어느 한쪽의 편을 들어 군사시설이 도입된다면 지금까지 쌓아왔던 국가 간의 신뢰는 한순간에 무너질 것이네.

그래서 우리는 그런 결정을 하기 전에 먼저 타국의 의중을 알아보고, 장단점을 분석한 후 결정을 해도 늦지 않는 것이네. 모든 결정은 만만디로 결정해도 된다는 것이지. 무엇이 급해서 임기 중에 꼭 실현하려고 하는 정권의 조바심이 항상 화를 자초하는 경향이 있어.

우리의 주장을 하고 북미중러일국과 대등한 관계를 유지하려면 현재의 무기체계가 아닌 또 다른 무기체계를 개발하여 우리만의 국방 기술을 확보하는 방법밖에 없네. 지금까지의 우리나라 지도자들은 방위문제에서만은 미국의 의견에 적극 동조하는 편향된 사고방식으로 상대국의 심기를 건드려 왔고, 무역보복을 지속적으로 당하는 한심한 사태가 지속된 것 아닌가. 주변국들은 우리의 우방이면서 적이라는 사실을 한상 염두에 두어야 하네.

중국에 그렇게 많은 투자를 하고도 북한을 항상 편든다고 말 한마디 못하고 무역보복이나 수없이 당하는 나라가 우리 아닌가. 그렇게 많은 탈북민들이 중국당국에 체포되어 북송되는 과정에서 인간으로서는 견디기 어려운 참혹한 고문과 인권유린을 당하고 있는데도 중국당국에 우리 의견을 강력하게 전달하지도 못하는 우리나라 아닌가. 북한 주민도 우리 민족인데 말이야.

편향된 사고방식과 무지한 지도자가 권력만 탐하다 보니 그런 결과를 초래한 것이지. 세계정세와 주변 강국들을 제대로 읽지 못하고 앞서 나아가려고 했던 지도자의 욕심이 낳은 결과 아닌가. 지도자는 자기세력만 키우려 하지 말고 실력을 먼저 갖추어야지, 돌아가는 세상은 전혀 읽을 능력이 없으면서 인사권 가지고 패를 흔들고 국민을 속이는 일에만 열중하고 있으니 참 어려운 일이야.

지도자는 세상을 읽는 능력이 뛰어나야 하네. 우리나라를 둘러싸고 있는 나라의 면모를 보세. 여섯 명의 남자 어린아이가 놀고 있다고 가정한다면 정확하게 들어맞을 것이야. 우리나라는 제일 힘이 없는 아이이고 북한은 없으면서 날뛰는 천방지축, 일본은 힘센 미국에 붙어 중국과 곧잘 싸움을 벌이고, 러시아는 힘센 미국이나 중국과는 싸움은 하지 못하지만 지켜보면서 힘을 비축하는 아이이고, 중국은 힘은 미국보다는 못하지만 미국도 함부로 싸움을 걸지 못하는 아이라고 보면 정확할 것이야.

여기에서 러시아가 가장 속을 감추는 아이라네. 일본이 미국 편을 들고 있는 것을 감안하여 중국의견에 동조는 하면서도 딱히 중국 편에 들지는 않는 것이지. 적당히 간격을 유지한다고 할까. 우리는 전략적으로 러시아와 우호협력을 하는 것이 유리할 것이네. 러시아는 미국도 중국도 아닌 자기 이익을 위하여 손을 들어 줄 테니까. 여하튼 각국이 아무리 꼬여 있더라도 우리나라나 북한을 건드리지는 못하게 될 것이네. 중국 입장을 보면 우리나라는 힘은 약하더라도 미국이나 일본이 붙어 있어 때릴 수도 없고 말로만 뭐라 하면서 먹을 것은 나누어 주지 않으려는 방식이지. 그것이 무역보복일 것이고. 북한 입장을 보면 중국과 러시아를 믿고 까불까불하면서 미국과 대치는 하지만 미국도 함부로 건드리지 못하는 골칫거리 아이의 형국이지.

앞으로 각국의 국익 우선, 힘의 경쟁, 무역전쟁이 더욱 심화될 것이네. 미국은 가지고 있는 힘을 뺏기지 않으려고 더욱 상대국을 옥죌 것이고, 일본도 미국의 힘을 업고 한국뿐만 아니라 중국과도 힘을 겨루려고 할 것이네.

특히 일본은 우리에게 지은 역사의 죄를 끝까지 정치적으로 이용할 것이네. 일본의 현 정치가들은 그릇이 너무 작아 큰 그림은 그리지 못할 것이네. 우경화를 더욱 부채질하여 끊임없이 우리의 경제와 국방을 흔들 것이네. 현 분열시대에 정치가들이 살아남는 방법은 국가 간 국민 간 감정을 이용하는 것이 가장 효율적인 정권 재창출의 지름길이라고 생각하는 소인배들이 판을 치고 있기 때문이야. 그리고 그들은 과거에서부터 우리를 질시하였고 호시탐탐 우리를 노리고 있었던 것이지. 최근 들어 일본 경제가 순탄치만은 않고 우리경제가 일본을 추월하는 것을 극히 경계하고 있었던 차에 더 이상 방치하면 한국에 추월당한다는 초조감에 경제를 흔들기로 한 것이지. 위안부다 강제징용 배상이다 그런 것은 겉면에 불과한 것이지. 일본은 우리나라를 뛰어넘기 위하여, 살아남기 위하여 해적 침략 약탈을 자행하면서 살아온 파렴치한 백성 아닌가.

그러나 그들은 우리나라를 침탈한 죄가 얼마나 엄중한지를 모르고 하는 짓이네. 그 대가는 나라를 통째로 바쳐도 그들은 풀지 못할 것이네. 그러니 우리 지도자들은 일본은 없는 나라려니 하면서 치밀하게 대책을 세운다면 오히려 우리의 기회가 될 것이네. 극일은 일본을 이기는 것이 아니라네. 일본을 이기는 것이 문제가 아니고 세상에 우리를 세우는 일이 더 중요한 것을 인식하고 지혜를 발휘해야 하네. 이것은 이 시대가 가는 흐름이고 그들 나라가 가는 수순일세. 그러니 흘러가는 수순이라면 웃어넘기는 지혜도 필요한 것이지. 너무 감정적으로 대처하지 말고 대인배의 행동으로 나간다면 그들은 오히려 국제사회에서 웃음거리가 되거나 내홍으로 분열을 초래할 것이네. 파렴치한 국가는 결국 그 엄청난 죄의 대가를 크게 치를 것이고 우리에게는 엎드려 사죄할 날이 있을 것이니 지혜만이 살길이라는 것을 다시 한번 새겨야 하네.

 돌아가는 국제정세를 보면 현재 우리는 지혜와 인내의 시간이야. 우리가 소국이지만 대국적 견지에서 이 수순을 잘 넘기는 지혜를 발휘해야 할 때이며, 정치권이 풀어야 하는 과제인데, 극으로 치닫는 정치권이 풀 수 있을까 걱정이네.

 이런 긴장되고 불확실한 시간은 그리 오래 가지는 않을 것이네. 주변국들이 이리떼 아닌가. 너무 배가 고프면 어떻게 되었든 물어뜯을 것이고 우리는 그때를 철저히 대비하여야 하는데 지도자들이 그런 지혜를 가지고 있는지 모르겠군.

기자 솔직히 우리나라 지도자들 중 그렇게까지 정세판단을 정확하게 하는 사람은 없을 것 같은데요. 이런 상황이면 어떻게 해야 하는지요.

변산노인 지도자도 지도자지만 그런 전략을 능히 펼 수 있는 참모진도 없을까 걱정이네. 군에서는 군비증강에 더 몰두할 것이고 신무기체계로 개선한다고 해도 핵무기 앞에서는 어떤 무기체계도 힘을 못 쓸 것이네. 이제는 무기체계를 다변화하면서 우리 것을 만들어야 하는 중차대한 시점이야. 기존의 무기를 뛰어넘는 것을 개발하지 않는 이상 북한의 위협에 대처하지 못할 것이네. 그렇게 하지 않으면 군사 측면에서 미국에 계속 끌려다닐 것이고 국방 분야에서 북한의 눈치를 봐야만 하는 신세가 될 것이야.

  결과적으로 우리가 미국의 우산 아래 국방을 소홀히 한 나머지 국방력이 월등히 비교우위에 있었으면서도 현재는 북한에 끌려다니는 신세 아닌가. 우리가 핵무기를 제외하곤 모든 군 전략이 북한보다 월등히 앞서 있지만, 북한의 눈치를 본다면 무엇인가 잘못된 것 아닌가. 미국을 너무 믿어서도 아니 되지만 결과적으로는 우리 지도자들이 정신을 못 차리고 허망한 세월을 보냈기 때문이야. 그렇게 많은 국방비를 쓰고도 북한에게 끌려다니는 신세가 되었으니 말이야. 우리가 미국에 의존하는 사이 북한은 국방력을 역전해야 한다는 절박한 마음으로 핵개발에 모든 역량을 투자한 것 아닌가. 우리는 북한의 그런 전략을 알았다면 우리만의 신기술개발에 역량을 집중하여, 미국에 신무기를 달라고 애걸하지 말고, 따라가는 방식이 아닌, 핵무기에 대응할 만한 우리만의 독자무기를 개발했어야 했다네. 전략 부재가 이런 참담한 결과를 나은 것이지. 지도자들은 앞으로의 세대를 위해서라도 밤잠을 자지 말고 전략을 세우고 지혜를 모아야 한다는 것이 이렇게 증명된 것 아니겠나.

  이 계속 우리나라가 이렇게 끌려다녀야 하나요.

  변산노인 우리가 염려한다고 일이 해결되겠는가. 우리는 평화적이면서 악을 응징하는 초무기를 개발해야 모든 문제를 풀어갈 수 있네. 말이 안 된다고 생각할지 모르겠지만 가능한 일이야. 가만히 앞아서 상대국에 있는 악한 사람을 꼭 집어서 없앨 수 있는 그런 방법을 찾아야 하네. 중국이나 미국이나 러시아의 첨단무기나 핵무기에 대응하려면 그런 초무기 아니면 접근하기도 어려운 일이야. 현재 상태에서 아무리 국방비를 투자한들 주변 강국을 제압할 수 있겠는가.

북한은 그걸 이미 눈치채고 핵 개발에 모든 역량을 집중한 것이지. 군사 전략적인 면에서는 우리가 북한보다 한발 늦은 것이야.

그러나 그것도 사실은 쓸모없는 개발이 될 것일세. 개발했다는 명분은 내세울 수 있겠지만 그 모든 노력은 허공에 사라질 것이네. 안타까운 일이지만 북한 주민들만 억울하게 희생당한 것이지. 대량 살상무기는 너무 많은 인명을 살상하기 때문에 적대국일지라도 함부로 사용할 수가 없네. 북한이 사용한다면 북한이 망할 뿐만 아니라 주민도 많은 인명이 피해를 보는 것이니까.

그러니 우리는 그 길을 가려고 미국이나 중국의 눈치나 보지 말고 눈치를 본다고 이루어지지도 않지만, 또 다른 무기 개발에 집중 연구가 필요하네.

사실 핵무기는 현실적으로 어떤 나라에서도 사용하기 어려울 걸세. 테러집단이 핵무기를 확보하여 사용한다면 모를까 공식적인 나라에서 사용하기는 서로 죽자는 일이니만큼 불가능한 이야기야.

우리나라가 언제까지 끌려다녀야 하느냐고 했지. 지도자가 지혜가 있다면 끌려다니지도 않고 국방비 예산을 지금처럼 증가시키지 않아도 중국이나 미국이 가지고 있는 힘의 균형만 제대로 읽는다면 우리는 땅 짚고 헤엄치는 묘수가 많은데 누구도 그 수를 쓰지 않더군. 북한과 중국 미국 일본 러시아가 우리 손바닥에 있는 손가락이 되는 수가 많다네. 그래서 지도자가 눈을 제대로 떠야 한다는 것이야.

　내가 지금 이야기한 것은 시골 늙은이가 말하는 공허한 이야기려니 생각하게. 세상은 아무리 좋은 이야기를 해도 받아들일 사람이 없으면 모두 허망하게 사라지는 것이 세상의 이치야.

　윤　처음 듣는 말씀인데 현재 우리나라의 입장에서 취할 수 있는 묘수는 없을까요.

　변산노인　우리나 북한이나 모두 한반도에서 살고 있고 싸워봐야 주변국들에게 좋은 호재만 줄 것이니 우리가 취할 수 있는 묘수가 그리 많겠는가. 묘수는 아무도 가지고 있지 않은 무기체계를 개발하는 것이네. 그것 말고는 우리가 주변국들을 능가하는 것은 불가능한 이야기야. 그러나 주변국들이 아무리 강하고 술수를 부린다고 하더라도 우리는 결코 자기들 뜻대로는 되지 않을 것이네. 결국 우리나라는 아무도 어쩌지 못할 것이네. 그래도 우리는 노력하고 인내하고 지혜를 발휘해야 하는 것이네.

　이　그래도 일부 지식인이나 국민들은 깊은 속은 생각하시 못하고 미국이나 중국에 너무 의존하거나 비굴하다고 곧잘 공격하는데 여론이라는 것도 무시하기 어려운 현실인데요.

변산노인 그래서 지혜가 없다는 말을 하는 것이지. 언론을 언제 써먹는단 말인가. 정부에서 하지 못하는 비판이나 국익에 관한 주장을 펼칠 수 있는 것 아니겠나. 언론은 국민들의 마음을 어루만져 주고 정부는 국익에 필요한 것이 무엇인지 냉정하게 생각하고 외교를 해야지. 우리나라 언론은 자기가 좋아하는 당을 편들고 국익에 도움이 되거나 전략적 판단이 필요한 부분에서는 오히려 정부나 지도자를 비판하면서도 강대국의 논리에 대응하는 모습이 별로 없더군. 정부가 하지 못하는 부분은 언론이 해야 하는 것인데, 언론인들이 똑똑한 것 같지만 지혜가 별로 없어. 너무 편향적 사고방식에 젖어 있어서 그런 것 같기는 하지만 정신 못 차리고 이념논쟁이나 하고 있으니 한심해.

언론 이야기가 나왔으니 양심 있는 언론인들이 너무 없어. 아무리 먹고살기 힘들다지만 지식을 팔아먹고 양심을 파는 언론인들이 많더란 말이지. 국방문제에 있어 미국의 주장을 그대로 펼치는 사람들이 있으니 그것은 너무 지독한 사대야. 대한민국 국민으로서 강대국들의 틈바구니에서 어떻게 하는 것이 현명한 일인지 주장하는 언론인들이 별로 없더란 말이야. 자기 배운 지식이나 자랑하고 다른 사람의 말에 토나 달려고 하니 국민의 마음을 흔들고 있는 것 아니겠나. 자기와 반대 의견을 내면 좌파다 종북이다 떠들고 안보 유연성이 너무 없어. 그렇게 되다 보니 국민들도 마음이 갈래갈래로 나뉘어 무엇이 옳은 것인지 그른 것인지, 국론이 통일되지 못하고 있지 않은가. 무슨 일이 생기면 각 언론이 벌떼 같이 떠들고 깊이 생각하고 통찰하는 사람들이 별로 없다 보니, 잘 모르는 사람들 또한 그들의 말에 동조하거나 비판하는 여론이 형성되고 시시비비를 가릴 수 없는 분열상을 그대로 노출하고 있지 않은가.

 신뢰할 수 있는 지도자도 필요하지만 그 지도자를 알아주는 언론인들도 있어야 나라가 바르게 가는 것인데, 편향된 사고방식을 가지고 국익을 해치고 국론의 분열시키는데 앞장서는 파렴치한 언론인들도 비일비재하지 않은가. 고위직에 있는 사람들도 정권이 바뀔 때마다 생각을 바꾸고 또 바꾸다 보니 탁상행정이 판을 치고, 책임은 서로 미루고, 권력은 재산가를 눈감아 주고, 재산가는 권력자의 뒷돈을 대주고 있으니 국민들은 권력자나 부자를 어떻게 보겠는가. 참으로 걱정일세.

 윤 현재 세계적으로 무기 경쟁이 치열하다 보니 대량 살상무기는 점점 더 증가하고 있고, 우리 입장에서 강대국들의 무기체계를 넘어서는 것은 불가능한 상황인데 아무리 좋은 무기를 개발한다고 하더라도 그들을 능가할 수 있 을까요.

 변산노인 능가하라는 이야기가 아니네. 초무기를 개발하는 국가적 대안이 필요하다는 것이지. 개발과정도 쉽지는 않을 것이네. 극도의 보안이 필요한데 어떻게 새어나갈지 모르는 상황이고 추진과정에서 의견을 모으기가 어려울 것일세. 우리나라 사람 중에 외국의 스파이로 생활하는 사람들이 생각보다 많다는 것을 알아야 하네. 자네들도 스파이를 하고 있을지도 모르는 일이고.

윤 어르신께서도 그런 표현을 쓰시는군요. 앞에서 말씀드리지만 저는 아닙니다.

이 저도 절대 스파이는 아닙니다. 스파이 노릇을 하는 사람이 어르신을 찾아 왔겠습니까.

변산노인 아니라면 다행스런 일이지만 그만큼 외국의 논리에 동조하거나 사대하는 사람들이 많다는 것을 알아야 한다는 것이지.

우리나라가 단일민족이라고 하지만 단일민족은 아니라네. 과거 삼천년 전부터 정치적으로 밀려 중국에서 밀려온 사람. 배타고 오다 바다에서 표류하며 떠밀려 온 사람, 일본이나 중국 쪽에서 해적을 하다가 정착한 사람, 전쟁 통에 도망하여 온 사람 등등 우리나라도 민족 구성이 다양하다네. 그렇게 모여 살면서 씨족사회가 되고 부족사회가 되고 국가가 되고 하는 과정을 거치며 전쟁 정치적 망명 등등 부족들이 섞이게 된 것이지. 정확한 표현은 그곳에 사는 사람들이라는 생각으로 민족을 평가하면 맞는 이야기가 될 것이네. 만주에 살면 만주 사람, 하얼빈에 살면 하얼빈 사람, 요동 사람 제주도 사람 그렇게 부르면 되는 것 아니겠나.

이야기가 벗어났는데 현재의 무기체계를 뛰어넘는 다른 무기를 개발하는 것은 간단한 문제는 아니라네. 극비리에 운용해야 하고, 외부와의 연결망을 차단해야 하고, 또 유능한 요원을 선정해야 하고, 많은 예산이 투입되어야 하고, 가장 중요한 지도자의 의지가 뚜렷해야 하고, 많은 문제점을 극복해야 하는 난제 중 난제야. 우리나라는 정권이 바뀌면 또 사업의 지속성이 없다 보니 더욱 어려운 과제야. 국방이나 안보문제는 국가전략위원회를 두어서 정권이 바뀌어도 연속적으로 사업을 추진하는 세력이 있어야 하는데 그렇게 될 수 있을까 걱정이네. 정치권에서 되지도 않는 싸움하지 말고 국가전략위원회를 만들어 여야를 가리지 말고 지혜를 모을 시기인데 아직도 그 모양이니 한심하네.

기자 어르신께서 생각하시는 방향은 있으신지요.

변산노인 현재로서는 에너지를 이용하는 방향을 생각할 수 있지 않겠나.

가령 먼 곳에서 상대국의 전기를 넣었다 빼는 방식, 청취 불가능한 주파수대를 이용하는 방식, 듣지 못하는 음성을 이용하는 방식, 빛을 이용한 방식 등 다양하게 개발이 가능할 것이네. 물론 그런 개발이 없어도 모든 국방문제가 평화적으로 해결된다면 가장 좋은 일이지만 현 시국을 볼 때는 평화적인 해결은 어렵다는 생각이 드네.

기자 현재의 우리 경제력으로 그런 개발이 가능할 것으로 보시는지요.

변산노인 경제력보다는 지도자의 의지가 중요한 문제야. 너무 정치적이지 않고 술수를 부리지 않고 우리의 장래만 생각해야 하는데 그런 현명한 지도자가 있어야 말이지. 국민들도 권력과 돈에 정신을 빼앗기다 보니 현명한 지도자를 선택하는 판단이 많이 흐려진 것도 사실이거든. 지역 이념 사상 정치적 견해 이런 것들이 서로 다른 생각을 한다는 이유만으로 현명하고 좋은 지도자를 배척하는 현실이 계속되고 있는 것 아닌가. 아무리 좋은 지도자가 나와도 자기와 다르면 무차별 공격하고, 여론을 호도하고, 작은 것 파헤쳐 큰 것으로 둔갑시키고, 이런 짓들을 하면서도 양심에 거리낌도 없이 고개를 들고 다니는 파렴치한 소인배들이 정치판에 수두룩하고, 또 그들을 따르는 사람들도 선악을 구분 못 하고 사회 혼란을 가중시키고 있으니, 그런 지도자가 나올 수 있겠나. 어느 단체나 지도자나 각기 자기 주장하기에 바쁘고 상대방의 의견은 들으려 하지도 않는 것을 많이 봐 오지 않았나. 과거에서부터 정치권에서 선도를 하였으니 국민들이 무엇을 배웠겠나. 국익도 뒷전이고 도덕도 양심도 팽개치고 자기 이익과 과시를 위하여 목숨 건 사람 같지 않나.

그리고 강대국들의 눈치를 보는 것이 습관이 되어 그런 생각도 하지 않을 것이야. 현재의 무기체계가 아니라 강대국들의 눈치를 볼 필요 없이 극비만 유지한다면 큰 돈 들이지 않고 개발이 가능할 것으로 보네. 발상의 전환 문제이기 때문이지.

다른 무기가 아니고서는 강대국들의 논리대로 움직일 수밖에 없는 것이 현실 아닌가. 우리나라의 운명이라고나 할까.

방위문제는 결국 지도자 경제력 창의력 등이 결집하여야 가능한 문제야. 세상을 읽는 능력도 뛰어나야 하고. 특히 우리나라는 더욱 그렇다네. 북한이 약한 경제력으로 핵무기에 집중하고 있지만 사용도 못 하고 나라가 거덜날까 우려되네.

서로 첨예하게 이해관계가 얽혀 있는데 모든 나라에 좋은 묘수가 그렇게 많겠는가. 그리고 북한을 발전시키고 동북아를 안정시키는데 그들이 과연 얼마나 공헌할 수 있다고 보나. 그들은 우리의 분단상황을 자기 국익에 최대한 이용할 뿐이라네.

국내의 지식인들도 미국이나 중국통이라고 자부하면서 그들의 주장을 대신하여 펼치는 파렴치한 식자도 생각보다 많다는 것을 항상 염두에 두어야 하네.

윤 사실 우리나라는 이념논쟁에 불을 지펴 자기를 과시하려는 자들이 많기는 합니다. 언론인들도 양심도 없이 정권에 빌붙어 출세에 눈이 먼 자들도 생각보다 많습니다.

이 언론사주에 따라서 편향된 언론관을 펼치는 자들이 많다 보니 국민도 이념적 분열이 심각합니다.

기자 부끄러운 이야기지만 제가 보기에도 그런 편향적 이념을 가진 사람들이 언론인들 중에 넘쳐납니다.

변산노인 그런 사람들 때문에 국론이 분열되고 국익에 방해가 되는 일이 발생하는 것이지. 그들은 출세만 생각했지 그것이 얼마나 큰 죄가 되는지도 생각을 못하니 문제 아닌가. 그렇게 출세한 자들은 다른 생각을 가진 사람들을 종북이다 좌파다 색깔을 입혀 떠들어 대니 한심한 일이지. 현시점에 종북이 어디 있고 좌파가 어디 있는가. 어떻게 하면 국민이 안전하고 행복하게 사는 길인가를 생각해야 하는 판국에 권력의 울타리를 치려고만 하고 있으니 정말 한심해. 어찌 되었든 지혜로운 지도자가 나와야 하는데 걱정일세.

기자 바른 언론을 세우는 방법은 없을까요. 현재의 언론들은 어딘가는 문제점들이 있긴 있는데 방법이 생각나지 않습니다.

윤 몇몇 언론들을 보면 무슨 사건만 생기면 벌떼같이 떠들어 대고 문제가 생기면 언제 그랬냐 하면서 거론조차 하지 않고 서로 입을 맞추기라도 한 것처럼 움직이는 것을 보면 우리나라 언론의 자유가 있는 것인지 의심이 들 때가 많습니다.

이 저도 이념적 편향된 발언을 함부로 하는 언론인들을 보면 저 사람이 우리 국민인지 한심한 생각이 들 때가 많습니다. 어떻게 눈 하나 꿈쩍하지 않고 그런 말들을 내뱉는지 무엇을 먹고 살아왔는지 궁금할 때가 한두 번이 아닙니다.

변산노인 다들 알면서 그러는가. 권력을 유지하고 상대방을 공격하기 위하여 못된 정치인이 끼리끼리 도당을 만든 결과 아닌가. 이제는 그렇게 해도 되는 것처럼 관행이라고 하고 있더란 말이야. 양심 있는 언론인이 과연 얼마나 있을지 걱정이네. 민주주의에서는 바른 언론이 있어야 나라가 발전하고 국민이 자기주장을 할 수 있는 나라가 되는데, 권력은 두꺼운 철옹성을 쌓고, 부자는 권력에 붙어 국민을 노동착취 대상으로 생각하고, 정치는 썩고 있고 백성이 불쌍하네. 백성이 불쌍해. 백성의 편에서 생각하면 들어갈 틈이 보이지 않고 살아갈 희망이 점점 희미해지는 것 같으이. 우리나라 재벌들은 공룡처럼 거대공화국이 되어있는데 중소기업이나 백성들은 점점 더 초라해지는 것이 그 증명이네.

언론의 문제점은 이런 사회의 불합리성을 개선하는 것이 목적이 아니고 오히려 편 가르기에 몰두하고 또 다른 언론 권력을 휘두르는 것이지. 권력과 언론이 결합하면 심각한 부패사회가 되는데 현 우리나라가 위험한 지경까지 다다르지 않았나 싶네. 하기야 요즘 국민은 너무 똑똑하여 옳고 그른 판단은 정확하게 할 수 있지. 다만 현시대가 권력 재벌 언론이 밀착되어 있어 소신껏 자기주장을 펼치지 못한다고 봐야지.

시민사회가 언론을 정확하게 비판하고 논쟁을 불러일으키는 언론인들의 잘못을 지적하며 대응하는 방법으로 시민사회가 성숙해야 하는데 시민사회도 정부의 보조금으로 연명하는 곳이 많다 보니 쉽지는 않을 것 같으이. 현재 우리나라는 언론이 거대공화국이 되어있어서 또 다른 권력기관이 되었거든. 자기 언론에 반대하는 세력이나 정치가들을 비판하면서 언론 권력을 국민 앞에 과시하는 언론도 존재하고 있으니 큰일이야. 특히 재벌들이 언론과 손잡고 언론기관이 정치 위에 군림하는 시대가 되지 않았나. 언론기관의 비리를 조금이

나마 건들기만 하여도 언론 탄압이다 민주주의 후퇴다 하면서 정권을 흔들고 있으니 언론기관을 조사하여 비리나 탈법을 밝혀낸다면 엄청난 비리가 드러날 것이네. 사정기관이 제 자리를 잡으면 언론사들에 대한 불법이나 비리를 파헤칠 수 있을 텐데 말이야.

언론이 얼마나 거대해졌는지 정치인들도 이제는 언론의 눈치를 살피는 형국이 되었으니 언론공화국의 실체가 드러난 것이지. 세속에서 밤의 대통령이라고 하지 않나.

소신 있고 양심 있는 언론인을 국민들이 키워야 하는데 요원한 문제일세. 자네들이 바른 언론을 세워보시게.

4. 권력은 모이면 썩는 것이야

아직 무더위가 남아 있는 어느 날 집에서 낮잠을 즐기던 변산노인에게 손님이 찾아 왔다고 안사람이 말했다.

기자가 손님을 대동하고 온 것이다. 머리가 허연 말끔한 차림과 두 눈이 째져 있어 욕심이 많을 듯한 사람이었다. 선뜻 안으로 들지 못하고 밖에서 멈칫멈칫 서성이자 변산노인이 밖으로 나왔다.

기자 접니다. 그동안 편히 계셨는지요.

변산노인 어 자네가 왔군. 이분들은 뉘신가.

김 예. 처음 뵙겠습니다. 저는 모당 소속 김아무개라고 합니다.

박 예. 저는 박아무개입니다.

김 (박을 가리키며) 저 친구는 모대학 교수로 역사를 가르치고 있습니다.

변산노인 그런데 이 누추한 곳까지 어인 일로 오셨는지. 여긴 대접할 것도 없고 너무 누추한 곳이라 모정으로 갑시다. 기자양반 모정으로 가 있어. 내 옷 좀 걸쳐 입고 나갈 테니.

모정에 모이자 기자는 몇 번 뵌 적이 있었던 터라 자동차에서 막걸리에 과일에 오다가 샀는지 닭튀김까지 준비하여 꺼내 놓았다. 그리고 변산노인의 잔과 김, 박의 잔에 막걸리를 채우고 본인도 잔을 들고 한잔하자고 제안하였다.

기자 사실 김아무개씨는 다음 선거에 출마할 생각입니다. 조언을 듣고 싶어 이렇게 교수님과 같이 찾아뵙게 되었습니다.

변산노인 내가 유명한 사람도 아니고 학식이 많은 사람도 아닌데 이런 유명하신 분 앞에서 말을 하는 것이 말이 됩니까.

박 겸손의 말씀이십니다. 많이 가르쳐 주십시오.

김 사실 저도 대학에서 사회학을 전공하기는 했어도 역사도 잘 알지 못하고 지금의 혼탁한 정치판을 헤쳐 나갈 자신도 없습니다. 말씀해 주시면 잘 배우겠습니다.

변산노인 거듭 말하지만 나는 내세울 것도 없고 아는 것도 그리 많지 않은 시골 늙은이일 뿐인데 가르침을 준다는 말은 당치 않습니다.

김 저보다 연세가 많으신데 말씀을 놓으시지요.

박 후학을 가르친다고 생각하시고 말씀을 낮추시지요.

변산노인 그렇게들 말씀하시니 편하게 대하겠습니다.

기자 어르신. 요즈음 권력과 부자가 결탁하고 인사청탁이 난무하고 권력자에 아부하고 줄 대기 위하여 혈안이고 서로 비호하고 끼리끼리 문화가 판을 치니 어떻게 하면 바로 잡을 수 있겠습니까.

변산노인 그렇지. 세상이 혼탁하게 되는 지름길이지. 우리나라 역사에서도 권력이 집중되면 반드시 사회가 혼란스러웠어. 옛날에도 왕이 독선적이거나 현명하지 못하거나 판단능력이 결여되었을 때에는 사회가 시끄럽고 백성이 힘들었지.

역사선생이니까 잘 아시겠지만 조선시대 예를 들면 대표적 독선 스타일 연산군이 있고, 현명하지 못한 왕의 대명사 선조, 판단능력이 없는 왕 철종, 그때 사회가 조선시대 중에서 가장 힘들었지. 모두 왕을 기점으로 힘들었던 것 아닌가. 왕이 왕답지 못하면 간신들이 득세하고 바른말을 못하고 권력자들이 무서움 없이 권력을 휘두르게 되어있어. 권력은 음과 양처럼 서로 견제하고 협력하게 만들어야 사회가 안정되는 것이야. 집중되면 썩는 것이 권력이라네.

 최근에 권력을 잘못 써서 나라가 시끌하지 않았나. 지도자가 권력을 잘못 행사하면 국운이 흔들거릴 정도로 나라가 위태로운 것이야. 한쪽은 잘못을 들추고 한쪽은 잘못을 감추려고 얼마나 많은 인력을 낭비하고 국력을 소모하였나. 누구도 잘못을 시인하는 사람은 없고 자기 나름대로는 최선을 다했다 남 탓하기에 바쁘고 책임을 전가하고 국민들을 호도하고, 정말 악의 끝을 보는 것 같아 허망하네. 그렇게 뻔한 잘못을 저지르고도 잘못을 시인하기는커녕 변명으로 일관하고 있으니 인간답지 못한 전형을 보는 것 같아 착잡하네. 과거 군인 정권 시절 어느 정보기관의 한 인사가 모든 책임은 자기에게 있다고 책임을 지는 모습은 국민들에게 의리가 있다고 인정이라도 받지 않았나. 이제는 그런 의리도 찾을 수 없고 자기만 살려는 소인들의 시대가 된 것이지. 국력을 낭비한 것을 돈으로 환산하면 재벌 몇 개로도 부족할 것이야.

 권력은 한군데로 모이면 둑이 터지는 물과 같은 것이야. 물은 뭉치면 터지고 또 너무 많은 영양분이 물에 흡수되면 물은 썩고 더이상 맑은 물을 유지하지 못하네. 물을 정화하려면 얼마나 많은 시간과 노력을 들여야 하는가. 물이 오염되면 결국 물을 쓰는 백성들이 힘들게 마련이야.

 권력도 이와 같아 모이면 썩는다네. 그래서 지도자는 물이 썩지 못하게 인사관리를 철저히 해야 하는 것이고. 혈연 지연 학연이 모이면 결국 누군가는 잘못되어 시끌한 사건이 터지지 않나. 권력을 잡은 사람들 중 그런 폐단에서 벗어나 깨끗하게 다스린 사람이 몇 사람이나 있을까.

권력은 올바로 쓰지 않으면 썩는 것이고 그 피해는 백성들이 보는 것 아닌가.

김 요즈음에는 혈연 지연 학연을 중심으로 선거하고 모임을 만들고 하니 그런 폐단을 알면서도 다음 선거를 위하여 관리를 해야 하는 어쩔 수 없는 추세인 것 같은데요.

변산노인 많은 사람이 그리 생각하고 있는 것은 사실이지만 그것 때문에 인생을 망치거나 불신을 자초하는 것 아닌가. 지도자는 현명해야 해. 다시 한번 말하지만 지도자는 역사를 알아야 자기를 성찰하고 지혜를 배우는 것이야. 역사를 모르면 서양식 지식과 양적이고 물리적인 것만 가지고 국민을 다스릴 수 있을 것 같은가. 동양 그것도 우리나라는 서양식의 사고방식으로는 성공하기 어렵다네. 동양적으로 보이지 않는 인간의 내면을 들여다 보면서 다스려야 한다네. 따라서 너무 원칙을 강조해도 아니 되고 작은 것이라도 봐주어서는 아니 되는 것이지.

사실 우리나라가 언제부터인가 대학시험이나 기업체 시험에서 역사를 중요하게 생각하지 않는 것 같더군. 공무원시험에서도 기본적인 것을 물을 뿐 역사의 깊이가 전혀 없어. 중국의 역사에 대해서도 너무 소홀하고 말이야. 중국의 역사는 알고 보면 우리 동이족의 역사인 것이야. 역사를 가장 중요한 과목으로 하고, 모든 시험에서 가장 큰 가중치를 부여해서, 역사에서 남긴 지혜를 알고 있느냐를 가지고, 사람을 선택한다면 인사실패는 적을 것으로 생각하네.

서양식 지식교육은 과학이나 기술분야에서 활용하고 지도자를 양성해야 하는 차원에서는 영어나 수학보다도 역사를 더욱 중요하게 평가하는 것이 옳은 방법일 것이야. 유학을 다녀온 사람도 역사를 모르면 발탁해서는 아니 될 것이고.

역사를 전공한 박 선생의 생각은 어떠한가.

박 역사를 인재 선택의 가늠자로 생각하시는 것은 정말 좋으신 생각인 것 같습니다.

변산노인 열국지의 주나라 800년 역사 속에는 인간의 희노애락이 담겨 있을 뿐만 아니라 난국을 헤쳐 나가는 지혜, 국가간 외교 분쟁의 해결방법, 인재를 등용하는 방법과 강국을 만드는 방법, 나라를 통치하는 기법, 군사를 육성하는 방법, 나라가 망하는 길까지 국가 간 또는 인간 세상에 나타나는 문제를 해결하는 지혜가 열거되어 있다네. 우리는 역사 시간에 중국역사관 일본역사관에 치우친 역사지식을 가지고 그것을 역사라고 이야기하지. 그러나 그 속에는 승자의 기록과 민족적 관점의 기록물이 대부분이라네. 기록된 역사가 사실이 아닐 수 있다는 생각을 그리 많이 하지 않더군. 역사를 후세에 기록한다는 것을 안다면 얼마나 왜곡되어 있을지 짐작이 가지 않나. 특히 동이족에 대한 역사는 한나라 때 사마천을 비롯한 역사학자들이 많은 부분을 왜곡하면서 상고사 부분이 통째로 중국의 역사로 편입되어 주인이 바뀐 역사가 되었다네. 그 뒤에도 끊임없이 역사는 왜곡되어 졌고 결정적으로 일본이 한반도의 역사를 자기방식으로 왜곡하면서 우리 역사는 중국의 부속물처럼 취급을 받았네. 역사학자라는 사람들도 육천 년이 넘는 우리 역사를 너무 모르고 연구도 소홀하더군. 물론 물증이 있거나 소소한 것들이야 옳다고 봐야지. 그러나 중요한 것들 즉 갈림길이 되는 사건과 역사 인물 학문 등이 너무 왜곡되어 있다네. 박 선생 어찌 생각하나.

박 저도 일정 부분은 왜곡되어 있다고 생각은 하고 있지만 구체적으로 어떤 것들인지는 모르고 있습니다. 말씀해 주시면 공부해 보겠습니다.

변산노인 그럴 것이야. 우리 상고사가 통째로 중국역사가 되었으니 삼천년 뒤에 밝힌다는 것이 쉬운 일은 아니지. 주나라가 중국을 통일하기 이전 삼천 년의 역사는 우리 동이족의 역사라네. 그것을 한나라 한족들이 치열하게 전쟁했던 사실을 많이 왜곡하여 후세에 기록으로 남겼고 동이족의 역사를 한족의 역사로 편입한 것이지. 사실 동이족이 남긴 역사는 폐기하거나 자기 것으로 만들었지.

주나라가 은나라를 멸망시키고 한족이 본토를 장악한 시점부터 그동안 가지고 있었던 동이족의 선진 문화를 자기 문화로 돌려놓은 게지. 주나라 시대의 글과 유교 학문이 대부분 동이족의 문화였거든. 한나라 시대 이후로 한족 입장에서 왜곡시키며 동이족의 역사 전체를 한족의 것으로 만들었지. 우리의 조상들이 중국의 조상이 되었단 말이야. 가장 심한 왜곡이지. 복희황제부터 황제 헌원씨 요임금 우임금 은나라까지 모두 동이족의 역사이고 한문도 동이족이 만든 글자라네. 은나라 갑골 문자가 한문이 되었다고 배우지 않았나. 은나라가 바로 동이족의 역사이니 한문도 또한 동이족의 글이지. 한족인 주나라가 동이족인 은나라를 멸한 것이니 은나라까지 역사는 동이족의 역사로 보는 것은 당연한 것 아닌가. 주나라 시대의 제나라와 연나라는 동이족이 다스리는 열국이었지. 제나라는 그 유명한 강태공이 다스리는 열국 아닌가. 강태공은 동이족의 지역 연맹장이었네. 나는 학교 교육은 받지 못한 사람이라 오히려 일본이나 중국이 주장하는 역사는 잘 모르네. 하지만 옛글에서 조금은 알게 되었지. 역사는 결국 사람이 지나간 자국이야. 얼마든지 왜곡할 수 있고 잘못 알려질 수 있다는 것이야.

박 어르신께서는 인재를 등용하는 방법으로 역사를 얼마나 이해하고 성찰하느냐를 가지고 선발하는 것이 좋다는 말씀을 하시는 것인가요.

변산노인 그렇지. 역사를 짚어본다면 인성 지식 지혜 덕이 무엇인지 과단성 용기 추진력 또한 고루 갖추어야 한다는 것을 알 것 아닌가. 어설피 역사를 알고 있는 사람은 성찰은커녕 무슨 내용인지도 모를 것이네. 일례를 들면 "신라가 중국의 당나라를 끌어들여 삼국을 통일하였는데 우리 민족의 입장과 한반도에 미친 영향을 쓰시오"라는 문제가 있다고 하면 아마 대학교수도 정답을 쓰기가 어려울 것이네. 고구려 백제 당나라 신라 등 각국의 입장이 다르고 당나라와 신라의 관계에 대하여도 생각할 부분이 많이 있지만 한반도에서 세력 약화를 가져온 결과를 낳았으니 제대로 쓴다면 몇 시간을 써도 정답이 나오지 못할 수도 있는 것 아닌가.

그러나 인재를 등용하는 측면에서는 지식뿐만 아니라 지혜 정세를 읽는 안목까지도 두루 살필 수 있을 것 아닌가. 인재를 선택하는 관점에서는 선별력이 뚜렷할 것이야. 옛날에는 그런 방식으로 인재를 등용하였고 잘하고 잘못하는 것은 당시의 사람을 알아보는 그릇 차이일 뿐이야.

인재는 등용하였더라도 잘 쓰지 않으면 인재는커녕 오히려 그 힘을 혁명을 하는 데 쓰기도 한다네. 인재는 등용도 어렵고 쓰기도 어려운 법이지. 그래서 나라와 나라에도 굴곡이 있고 흥망성쇠가 있고 평화시대도 있는 것 아닌가. 모든 문제에서 사람을 어떻게 쓰느냐 그것이 관건이지. 큰 그릇은 큰 곳에 쓰고, 작은 그릇은 작은 일에 쓰고, 지혜가 있는 사람은 전략가로 쓰고, 지혜와 용기와 백성을 생각하는 덕이 있는 사람은 나라의 책사나 군사로 쓰는 것이야.

　조선시대 중에서 가장 국운이 기울었던 시기인 선조 때 묘하게도 조선에 인물이 많은 시기였었네. 광주의 김덕룡 장군은 천하대장군 감이었으나, 선조의 질투심에 등용되지 못하였지. 그가 임진왜란을 지휘했다면 몇 개월 가지 않아 일본군을 격퇴하였을 것이네. 그만큼 맹장이었다네. 너무 똑똑하다고 판단한 선조가 혁명이 두려워 그를 발탁하지 않은 것이지. 그 시대에 특출한 인물이 송구봉 선생, 진묵대사 같은 분이 있었지만 나라의 부름은 받지 못하였네. 모두 신분이 따라주지 못하는 계층의 사람들이었지만 그들의 능력은 국운을 세우고도 남는 인물이었다네.

　당시 진묵대사의 일화가 전해졌는데, 하루는 진묵대사가 일어나 보니 합천 해인사 팔만대장경에 화재가 났다네. 급히 바가지에 물을 떠서 합천 해인사 방향으로 던졌더니 해인사 불이 소화되어 국보를 보전할 수 있었다네. 해인사 주지가 대장경 주변을 살피던 중 진묵이라고 씌어 있는 바가지를 발견하고는 곧 수소문하여 전주의 봉서사까지 진묵대사를 찾아 왔다네. 그 뒤에 나라에서 대사의 칭호를 주었고 무명의 진묵스님이 대사가 되신 것이지. 우리나라는 이렇게 인물이 많다네. 단지 지도자가 그런 인물을 몰라보는 것이지.

　삼국지에서 촉한의 제갈량이 전쟁을 막고 삼국이 정립하여 평화시대를 열려고 얼마나 노력하였나. 그러나 군사인 제갈량의 노력으로도 유비의 아들 유선의 무능은 어쩌지 못하고 망국을 맞이한 것 아닌가. 지도자에 따라 그렇게 나라의 운명이 좌우되는 것이야.

지금까지 권력을 쥐고 흔들었던 사람이나 지도자 중에는 아는 시늉만 했지 제대로 아는 사람은 많지 않았네. 지혜는 말할 것도 없지만 하는 짓을 보면 지도자나 참모나 권력에 눈이 멀고 백성을 이용하는 것에는 재주가 정말 많더군. 권력에는 아부하면서도 백성을 위하는 것에는 나 몰라라 하고 정부 돈을 내 것 같이 쓰는 머리는 모두 비상하더군.

인재를 등용하는 방법이 틀렸기 때문이야. 누구 말처럼 망한 정권은 있는데 아무도 책임지려 하지 않고 잘못은 없다는 논리 아닌가. 지도자의 무능으로 정권이 몰락했는데도 누구도 책임을 지는 자가 없더군. 오히려 더 큰소리로 나라를 혼란하게 하면서 국민을 호도하고 있으니 지도자의 역량에 따라 그렇게 나라의 운명이 좌우되는 것이네.

인재를 등용하는 방법을 달리해야 해. 역사를 모르면 정부 부처에서 근무할 생각도 못하게 처음 시험을 볼 때부터 영어나 수학보다도 월등히 많은 가중치를 주고 역사를 평가한다면 인재를 등용하는데 변별력이 생길 것이네. 현재의 4가지 중에서 고르는 시험방법은 인재를 고르는 방법은 아니네. 자기의 생각이 없고 소신도 없고 철학도 없으니 그것으로 어찌 인재를 고른단 말인가. 시대상황에 맞는 의견 개진을 통하여 그 사람의 실력을 보는 주관식 시험으로 전환해야 할 것이야. 공무원의 승진시험도 시제를 내고 역사 시험을 별도로 보게 하여, 학연 지연 혈연이 발붙일 곳이 없도록 한다면 별도의 면접으로 봐 주기식 선발을 자행하는 현재의 폐단을 막을 수 있지 않을까. 그리되면 학연 지연 혈연에 의한 편 가르기 끼리끼리 문화는 점점 사라질 것이네.

정부 부처 지도자를 선정하는 것은 정치원로, 역사학자, 역대 부처 지도자들, 그리고 나라의 지도자가 직접 질문을 하여 학문과 지혜를 본다면 지금의 청문회다 편가르기다 코드인사다 보은인사다 이런 문제가 사라질 것이네. 그 가운데 너무 재산이 많거나 문제가 있는 인사는 거르면 되는 것이고. 현재의 인재 등용 방법은 잘못되었어. 지도자들이 역사를 너무 등한시해. 모두 사대주의나 이상 이론에만 치우치고 이념논쟁이나 하는 한심한 꼴을 보여주고 있지 않나. 역사를 모르면 정부인사가 되어서는 아니 될 것이야.

배운 사람은 많은데 쓸 사람은 없고 쓸 만하면 비리나 재산이 많고 때가 많이 묻었고, 실력은 있는 듯하지만 편 가르기나 독선이 심하고, 그러다 보니 형편없는 사람이 부처에 수장이 되기도 하는 것 아닌가. 많이 배우고 잘난체하는 사람이 사실은 큰 도적이 되기 쉽네. 시골에서 농사짓는 사람은 도적이 없다네. 모두 배운 사람 똑똑한 사람이 도둑질을 하는 것이지. 자식도 너무 똑똑한 자식은 효자가 없는 법이야. 가정이나 나라나 잘 생각할 일 아닌가.

박 옛날 과거시험처럼 과제를 내고 답하는 방식도 괜찮을 것 같은데요.

변산노인 좋은 방식일 수 있네. 각 부처의 수장을 뽑는 방식으로 3심제를 도입한다면 말이야. 일심제는 인사청탁이 있을 것이고 비슷한 사람이라면 자기편을 쓰려고 할 것이네. 근원적으로 차단하기 위하여는 3심제를 채택하여 시험관을 모두 교체하여 과제를 각각 다르게 내는 것이지. 그러면 인사비리가 없을 것 같은데.

박 과제를 미리 공개하고 답안을 보면서 인사를 가려내는 방식은 어떨까요. 국가의 중요한 시책이나 정책 기술개발 교육 등등 과제를 미리 정하여 답안을 보고 인재를 가리는 방식으로요.

변산노인 그것도 좋은 방식이야. 미리 과제를 주고 답할 시간을 주고 그 사람의 실력이나 인성을 보자는 것 아닌가. 아주 좋은 방식 같은데.

요즘 인사청문회처럼 시끄럽게 하지 말고 공개로 응시하게 하고 그 답을 공개하고 3심 위원들이 각각 점수를 내어 뽑는 방식이라면 채택하여 실행하면 좋겠네. 과제 중에는 역사의 과제가 반드시 들어 있어야 하네. 평시에 역사를 공부하지 않은 사람은 답변할 수 없도록 말이야.

기자 정부부처나 지방이나 공공기관의 수장이나 모두 그런 방식으로 뽑는다면 공정한 방법이 될 것 같은데요. 정치적으로 휘둘리지도 않고요.

김 정부의 인사를 그렇게 진행한다면 교육방식도 많이 변하겠는데요. 평상시 공부하지 않고 실력을 갖추지 않은 사람은 공직사회에서는 배제되겠어요.

변산노인 허허. 참 좋으이. 사심이 없다면 이렇게 현실적으로 욕심이 전혀 없는 합리적인 이야기가 오고 가지 않나. 문제는 지도자들이 그런 덕목을 가지고 있느냐가 중요한 법이지. 하나 더 붙이면 실력이 있더라도 너무 탐욕한 자는 안되는 것이니 청렴도는 추가하여 봐야 할 것이네.

기자 이런 것들은 결국 공직사회가 썩지 않게 하는 방편이잖아요.

변산노인 그렇지. 공직사회뿐만 아니라 각 기업에서도 사람 관리하는 방식에 도입이 될 것이고 기업마다 창의적인 인재를 가리는 방법을 고안해 내겠지. 실력이 좋은 인재라 하더라도 한곳에서 오래 있으면 썩게 마련이니, 원칙을 정해 2년 정도에 한 번씩 인사교류를 통해 부처를 정화해 나가거나, 고도의 기술을 요하는 곳에서만 예외규정을 만들어 나라 전체의 전문가도 육성해야 한다는 것을 유념해야 한다네. 인재를 육성하는 교육은 중요한 부분이니만큼 국가적인 총력을 기울여야 할 과제야. 우리나라는 국가적인 차원에서 인재를 길러내는 제도적 장치가 없으니 정말 아쉬운 부분이야. 인재를 길러내는 것에 소홀하면 다음 세기에 뒤처지는 나라로 전락할 수 있으니 명심할 일이야.

기자 공직사회가 썩지 않는 방법은 없을까요.

변산노인 왜 방법이 없겠어. 쓰지를 않으니 그런 것이지. 청렴한 수장 밑에 실력 있는 부하직원 그리고 교차근무제 도입 그것만 실행이 되어도 맑고 청렴한 조직사회가 될 것이네. 물은 고이면 썩는다라는 평범한 진리를 실천하기만 하면 되는 것이야. 알면서도 지도자들이 물을 고이게 만들고 있으니 조직이 썩을 수밖에. 사람이나 물이나 고이면 썩는 것이야.

5. 나라의 흥망성쇠는 돌고 돈다네

무더위가 지나가고 초가을 어느 날 말끔하게 차려입은 세 사람이 모정에 누워서 생각에 잠긴 변산노인을 찾았다. 김기자가 다른 두 사람을 대동하고 변산노인을 찾은 것이다.

기자 어르신 또 찾아뵙습니다. 편안히 계셨는지요.

변산노인 어 자네 아닌가. 그런데 어쩐 일인가.

기자 이 분들은 모당에서 정치를 하는 사람들입니다. 인사도 드릴 겸 고견도 들을 겸 같이 찾아뵙게 되었습니다.

변산노인 나는 농사꾼이지 학식이 많은 사람도 아니고 유명한 사람도 아닌데 헛걸음은 아닌지 모르겠네요.

고 기자 친구에게 말씀 들었습니다. 저는 모당 소속 고아무개라고 합니다. 많이 가르쳐 주십시오.

이 저는 이마무개라고 합니다. 처음 뵙겠습니다.

변산노인 나보다도 배움도 많고 똑똑하신 분들이 시골 무지랭이에게 배울 것이 있겠습니까. 기자에게는 제가 심심하기도 해서 말벗이 된 것뿐입니다. 이렇게 찾아오시니 그렇기는 합니다만 제가 할 이야기가 있겠습니까.

고 겸손의 말씀이십니다. 저희들보다 연배가 높으신데 말씀을 낮추시지요.

이 예. 말씀 놓으시지요.

변산노인 그렇게 할까요.

기자 막걸리와 변변치 못한 탕수육을 준비하였습니다. 한잔하시며 말씀하시지요.

변산노인 막걸리. 그거 좋지. 막걸리는 농주라. 일할 때면 자주 마시다네.

기자는 변산노인과 고, 이 두 사람에게 막걸리를 따르며 술을 권했고 두어 순배 돌자 먼저 변산노인께서 말을 꺼냈다.

변산노인 모당에서 오셨다면 외교 문제나 북한 문제가 걱정이 많겠군.

고 예. 사실 최근 북핵 문제다 미국의 제재다 미중 무역마찰이다 난해한 문제들이 많은데 앞으로 북한과 우리나라의 관계는 어떻게 보시는지요.

변산노인 그 문제는 쉽게 생각할 문제가 아니야. 나는 북한문제를 크게 걱정하지는 않네. 몇몇 세력들이 종북이다 좌파다 말들이 많지만 그들이 정치적 공격을 하기 위하여 만들어 낸 말이지 북한과 우리는 결국 역사와 언어 풍습을 공유하는 공동체 운명일세. 단 그들의 사상이 우리와 같지 않다는 것뿐이야. 같은 민족인데 맞지 않는다고 버릴 수는 없지 않은가. 그러면 답은 정해져 있네. 버리지 않고 같이 가야 하는데 저들은 핵무기만 열심히 개발하고 백성은 돌보지 않는데 백성을 생각하면 도와야 하고 당국자를 생각하면 절대 도와서는 아니 되고 어떤 것이 옳은 일인지 그게 문제 아닌가.

이 네. 바로 그렇습니다. 미국과 중국이 얽혀 있어 해결의 실마리가 전혀 보이지 않습니다.

변산노인 그렇지. 그런데 전 정권에서 잘못한 것이 있네. 북한이 우리민족이니 민족끼리 서로 도와야 한다는 미명하에 퍼주기식 경제지원과 원조를 하였는데 그것은 북한 정권의 허허실실 전법에 놀아난 것이네. 우리 정부에서 잘못한 사항이지. 그렇다고 대화를 거부하고 군비경쟁을 한다는 것은 더욱 어리석은 일이야.

전략적으로 이성적으로 접근하지 못하고 몇몇 지도자의 이론과 이상과 성과를 보여줄 과시의 목적으로 접근한 결과네. 우리정부는 북한 주민을 도와야 한다는 생각으로 관광 식량원조 소모품을 지원하였으나 오히려 그들은 군사적 목적으로 원조를 전용하였고 그것으로 체제를 안정시키며 핵무기를 개발하는 데 국가적 역량을 총동원하였지. 현재에는 핵무기를 가지고 미국과 협상을 하려고 하지 않나. 우리나라는 한마디로 이용만 당하고 얻은 것은 이산가족 상봉이라는 것, 그것도 퍼주기식 상봉이었네. 잘못 선택한 북한과의 교류로 인한 피해가 얼마나 크단 말인가. 현재 개성공단은 폐쇄되었지만 동조한 기업들의 피해는 누가 보상한단 말인가. 원만한 보상도 없이 몇몇 사람들의 잘못된 선택의 결과가 국가적으로 얼마나 손실을 보았는가 말이야. 정치하는 사람들이 정신 똑바로 차려야 해. 잘하다가도 한번 삐끗하면 백성들에게 큰 고통으로 다가오는 것이야. 아무리 잘하면 무엇하나. 한번 잘못하면 잘한 부분이 모두 없어지는 것이라네. 현재에 와서 그래도 잘한 부분이 있다고 하겠지만 사실은 실수였지. 지도자의 과욕으로 인한 잘못된 판단이 결과적으로는 국가적 손실로 돌아온 것이야.

앞으로도 그렇지만 북한문제는 서둘러서도 아니 되고 대화를 구걸해서도 아니 되네. 대화는 지속하되 주고받고 한 단계씩 해나가야지 통 크게 한다는 것은 허세를 부리는 북한에 놀아나는 결과만 초래할 뿐이야. 그들은 불리해지면 하시라도 핑계를 대고 이유를 만들어 단절을 주장할 테니 우리는 그러려니 하면서 주민 의료사업이나 어린이 복리증진에 도움을 주는 쪽으로 그것도 규모가 크지 않게 인도주의 입장에서 거래를 해야지 통 크게 한다고 하면 그것은 이미 북한의 대남선전에 놀아난 실패한 정책이라는 것을 분명히 알아야 하네.

도와주는 것도 우리가 먼저 제안하고 우리가 서둘다 보니 북한당국에겐 넝쿨째 들어온 횡재와 같은 것이지. 우리가 서둘 일도 아니고 구걸할 일도 아니야. 못 도와주면 그만이라는 생각도 해야 하네. 같은 민족이지만 북한은 그들 백성들이 스스로 떨치고 가야 하는 운명이라고 생각하여야 한다는 것이지. 지도자들의 욕심으로 남북문제가 쉽게 풀릴 문제이면 4대 강국 속에 우리가 끼어 있는 형국이 되어있겠는가. 한반도 문제는 그렇게 풀리는 구조가 아니야.

북한 문제는 우리가 결정하여 우리끼리 풀어보려는 욕심으로 접근한다면 풀리지 않을 것이네. 북한은 지속적으로 우리나라를 이용하면서 정치권의 움직임과 사회변화를 예의주시하면서 대남도발을 하여 왔기 때문에 먼저 풀려고 들면 그들은 묘수가 없을까 하고 벼랑 끝 전술도 서슴지 않고 쓸 것이네. 인도주의를 내세우는 우리와는 근본적으로 사상이 다른 것이지. 물론 우리가 그런 도발에 흔들리고 그들을 그렇게 만든 측면도 있다는 사실을 지도자들은 냉철하게 되돌아봐야 하네. 지도자는 냉철할 때는 얼음장 같아야 하고 온화할 때는 화기가 국민에게 골고루 돌아가야 하는데 그런 지혜로운 지도자가 너무 없어.

일전에도 언급했지만 북한문제는 우리가 어떻게 해볼 생각은 버리고 주변국들의 반응이나 의견을 먼저 들은 뒤 조율하는 전략적 접근이 바람직하다네. 우리가 끌고 가다 보면 비용부담은 물론 책임도 우리가 져야 하기 때문이야. 반대파들은 그 부분을 물고 늘어지면서 색깔론을 들고 공격하는 것 아닌가.

북한은 주변 강국을 최대한 이용하면서 우리 남한을 저울질하여 국익을 극대화할 것이네. 정보에 밝은 미국도 60년이 지나도록 북한을 어쩌지 못하고 핵개발하는 것을 방치할 수밖에 없었지 않나. 지도자들은 허세를 버리고 임기 내에 해야 한다는 조바심을 버리고 허허실실 전법으로 가야 북한을 이길 수 있는 것이야. 북한이 조바심이 나게 해야지 이것은 우리가 조바심이 나서 항상 이용만 당하는 꼴이야. 우리가 조금 잘 산다고 퍼주기 시작하면 우리나라를 통째로 주어도 북한은 양이 안 찰 것이네. 지도자들은 지혜가 있어야 해. 북한의 참모들은 잘못 정책을 내놓으면 목숨을 부지하기 어렵지만 우리나라 참모들은 논리나 정당성으로 접근하여 실패해도 그만이니 북한을 이길 수가 있겠는가. 죽기 살기로 하는 사람들은 인간의 한계를 뛰어넘는 생각도 곧잘 해낸다네. 우리나라가 매번 북한에게 당하는 이유를 이제 알겠는가.

개성공단도 중국이나 미국 러시아 등과 충분히 타협한 후 연합공단 형식으로 했어야 했다네. 그리되었다면 북한도 함부로 토를 달지 못했을 것인데, 정권 내에 실행해야 한다는 조바심이 화를 부른 것이지.

우리가 먼저 자기주장을 한다면 이해관계가 얽힌 국가마다 다른 주장을 할 거란 말이지. 한마디로 우리 주장을 하는 외교는 실패하기 쉽네.

우리 입장에서 북한문제는 주변 강국들이 전쟁 상황으로만 가지 않을 정도로 조심스럽게 대응하여야 한다는 것이야. 북한의 경제제재도 미국이 심하게 하면 중국이나 러시아가 반드시 도울 것이고 그들은 지원해 준 대가를 요구할 것이네. 일본이 아무리 용빼는 수를 부려도 러시아가 있고 중국이 있는 한 미국이나 일본의 뜻대로는 되지 않을 것이네. 우리 주장을 잘못하여 경제제재를 당하고 보복을 당하는 것보다는 오히려 그들을 역으로 이용하여 발전하고 성장하는 전략을 세워야 한다네. 그것도 너무 앞서 가려 하지 말고 힘이 들더라도 인내하면서 조절하며 백성이 이로운 쪽으로 정책을 변환하는 것이지. 자존심이 상하는 이야기지만 자존심보다는 백성의 안정적 삶을 더 중요하게 생각해야 해. 백성이 행복한 나라가 되면 최후의 승자가 되는 것 아닌가. 지도자들이 망각하는 것들이 자기의 생각이 옳다고 주장하며 자존심을 내세우는 일이야. 물론 자존심도 내세워야 할 때는 내세워야지. 그러나 국익 차원에서 국민의 입장에서 생각하여 결정하면 처음에 비판을 받더라도 결국은 현명한 결정이었다고 할 것이네. 여러 번 말했지만 백성을 먼저 생각하여야 한다는 점이야.

조선 인조 때 최명길 등 청과의 화친을 주장한 주화파와 김상헌 등 화친을 반대한 척화파가 서로 주장이 팽배하였으나 결국 척화파의 주장대로 병자호란이 발생하지 않았나. 그 결과는 참혹하여 조선 후기에는 청국의 속국이 되지 않았나. 백성을 생각하는 마음이 먼저였다면 임금이 약간 굴욕적이라 하더라도 화친하여 국가의 체면이라도 건져야 했는데 전쟁의 참혹한 패전으로 150년을 속국으로 살아야 했던 것이야. 위정자들이 그래서 역사를 깊이 있게 통찰하여야 하고 잘 알아야 한다는 것이네.

북한 문제도 우리나라의 민의를 살피며 적극적 해법보다는 전략적 대응을 통한 주변국과의 조율에 더 신경을 써야 하네. 주변국들은 겉으로는 우리와 의견을 같이하는 것처럼 보여도 속내는 그들 국익이 우선이라는 점을 명심하여 지혜롭게 대응하여야 하네. 그렇게 하면 언젠가는 주변국들도 우리의 전략대로 움직이는 날이 올 것이네. 역사는 돌고 도는 것이라네. 정치가들이 명심할 사항은 자존심을 세우기 위해 자기주장을 펼치다 보면 주변국 어느 한 국가는 불만이 많아 보복을 하거나 보이지 않는 제재를 하는 등 비판하는 자세를 보일 것이네. 주변국들의 시선이 항상 우리 편이 아니라는 것을 알아야지. 우방이다 혈맹이다 하지만 국익에 도움이 되지 않고 자기 나라의 자존심이 문제가 된다고 생각하면 그들은 하시라도 우리를 공격할 것이네. 우리나라는 다른 나라들보다는 북한 문제에 있어 약점이 많은 나라라네. 약점이 많은 나라에서 경제가 조금 나아졌다고 큰소리칠 수 있겠나. 북한이 마음에 들지 않는다고 동족끼리 전쟁을 하겠나 북한주민을 나몰라라 하겠나. 우리가 할 올바른 선택의 길은 별로 넓지 않아. 북한은 그것을 끊임없이 이용할 것이고.

고 주변국들 미국 중국 러시아 일본이 있는 한 북한 문제는 쉽게 해결이 안 되겠네요. 그렇다고 우리 입장에서 가만히 앉아 있을 수만은 없잖아요.

변산노인 (술잔을 비우며) 요즘 보면 북한문제전문가다 외교전문가다 경제전문가다 모두가 이론적 이야기 정치적 고려 경제적 이해득실에 대하여 말들이 많지만 그들은 그 문제를 풀지 못하네. 북한 문제는 이론적으로 아니면 경제적으로 정치적으로 그렇게 풀리는 문제가 아니야. 풀려고 잘못 노력하다가는 오히려 하지 않는 것만 못할 것이야. 그 예로 개성공단이다 금강산 관광이다 경협이다 등 제법 투자를 하였으나 그 결과는 참혹하지 않았나. 모래성을 쌓은 것이지. 지도자들이 집권 중에 해결하려는 욕심에서 비롯된 잘못이야. 냉철한 판단을 하지 못한 것이지. 그 뒤에서 얼마나 많은 전문가들이 조언을 했겠나.

 그들도 나름대로는 북한과 평화를 유지하였고 이산가족을 만났고 북한 주민이 조금이나마 혜택을 받았고 그 결과로 안정 속에 경제도 발전하였다고 할 것이네. 그러나 열매보다는 감당해야 하는 다른 것, 북핵문제 미국과 중국의 줄다리기 속에 우리가 입은 경제적 손해 등 손익계산으로 보면 열매는 작고 감내해야 하는 무게는 몇 배가 넘는다네. 그런 생각은 해보기는 했는가.

고 그렇다면 북핵 문제는 어떻게 접근하는 것이 바람직할까요.
변산노인 또 한 번 말하지만 북핵문제는 우리가 먼저 주장해선 안 되네. 단 의료 복지 문제는 민족적 입장에서 거론해도 무방하나 다른 문제 즉 통일이나 경제협력 문제를 너무 강조해서는 주변국들의 입장에서 달가워할 이유가 없기 때문이야. 현재에는 미국의 경제 제재가 있어 상황을 봐 가면서 정말 전략적으로 접근해야 한다는 것이네. 민족을 거론하지는 않지만 북한 주민도 우리 민족임을 잊어서는 아니 되고, 정치적이지 않고 민족적이지 않는 인도적인 의료 복지 같은 작은 것부터 그것도 소규모로 진행을 해야지. 그렇지 않으면 북한당국의 자존심을 건드리게 되고, 그러면 북한 주민이 힘들어지고 이런 현상이 지속된다는 것이야. 정말 지혜가 필요한 부분이지, 북한 당국은 과거에도 그랬고 현재에도 그런 것처럼 주변국을 이용할 대로 이용할 것이고 우리나라도 최대한 이용하여 얻을 것은 다 얻을 것이네.

　시간을 끌면서 자기들이 할 일은 어려움이 있더라도 지속적으로 추진하여 이제는 북핵 문제가 무시하지 못할 무기가 되지 않았나. 이제는 미국이나 중국에서도 함부로 북핵 문제를 다룰 수가 없을 것이네. 우리나라는 이를 잘 계산하면 주변국의 논리대로 하지 않아도 되는 묘수가 생길 것 같지 않나. 깊이 생각해 보세.

　기자　저도 어렴풋이 잘 생각하면 좋은 수가 있을 것 같습니다. 중국이나 일본이나 우리나라가 잘되는 것은 별로 좋아할 것 같지 않거든요.

　변산노인　그렇지. 좋아할 이유가 하나도 없네. 말로만 선린우호지. 국가 간에는 서로 상대성이 있어서 꼭 어린아이의 싸움판과 같은 이치라네. 힘의 논리 경제논리 주고받는 논리가 있을 뿐이야. 강하면 붙고 약하면 치고 그것이 꼭 어린아이 장난 같지 않나. 어린아이들이 그렇게 놀고 있다네. 서로 편 가르고 힘자랑하고 패싸움하고 편들고 싸움시키고 뺏어 먹고 보호해주고 우리나라 주변국에 모인 강국들이 꼭 그렇지 않은가. 그래서 우리주장을 함부로 내세우지 말아야 한다는 것이야. 오히려 분란을 초래하기 십상이네. 가만히 있으면 국물이라도 얻어먹는 것을 나서서 배곯으면 되겠는가. 우리만 우리가 중요하다고 생각하지 다른 나라 입장에서는 우리나라는 그저 분단을 이용하여 얻을 것 얻어먹으면 그만인 나라야. 지도자는 이런 시대 상황이나 국가 간의 문제를 냉철하게 생각하고 외유내강의 철학을 겸비해야 한다네. 한쪽과 혈맹이니 우호니 맺었다고 모든 문제가 해결되는 것은 아니라는 것을 진정 알아야 하네. 우리 주장을 하여 자존심을 세우고 표를 얻어 정권을 잡으면 그에 상응하는 무엇인가를 주어야 한다는 것을 알아야지. 선거를 통해 정권만 잡으면 그만이라는 안이한 생각이 나라를 망치는 것이야. 선거철만 되면 종북이다 좌파다 보수다 진보다 색깔에 불을 붙이고 자기들만이 애국하는 사람으로 포장하지. 사실 그런 주장을 하는 사람들이 백성을 속이고 나라를 망치는 주범이라네. 지금까지는 그렇더라도 앞으로는 정신 차려야지. 과거 그들이 잘못한 대가를 현재 우리가 얼마나 크게 치르고 있는가. 나라와 나라 간에는 정이라는 것도 없고 주고받는 자존심의 대결이라네. 섣불리 각 나라를 평가하려 든다면 오산이지. 그들도 나라 안에 전략가가 있고 벼랑 끝 전술을 펼치는 노련한 정치가들도 포진하고 있다는 사실을 항상 명심해야 한다네. 우리나라가 선택할 수 있는 최선의 길은 각 나라의 의견을 충분히 들어 주고 그들이 주장하는 이유를 찾아내어 역으로 그들을 상호 견제하게 하고 우리의 국익을 도모하는 것이야.

전략적 무기 도입 문제는 더욱 결정을 신중하게 해야지 미국의 논리대로 움직이다가는 중국이나 러시아가 가만히 보고만 있지는 않을 걸세. 연전에 사드 문제로 시끌하지 않았나. 중국은 무역보복이다 경제제재다 즉시 보복을 시작하였고 국익에도 타격을 입지 않았나. 섣부른 결정은 절대 금물이라는 것을 알아야 해. 전략적으로 대응해야지 아둔해서야 일이 되겠는가.

　춘추시대에 정나라가 있었네. 강대국 틈바구니에서 이리 붙었다 저리 붙었다 하다가, 나라가 좀 힘이 있어지면 자기주장 하다가 결국 주변국에게 망했지. 그들이 한반도에 이주하여 살았다네. 우리가 정나라 꼴이 되어서야 되겠는가.

　결론은 북한 문제는 시간이 가야 해결되는 것이고 주변 강국도 변할 것이고 그렇게 돌고 도는 것이 역사인 만큼 시간이 흘러야 또 다른 시대가 열리는 것이야.

　한반도 문제는 주변국들과 수싸움 한다고 해서 쉽게 풀리는 문제는 아니라는 사실을 위정자들은 명심해야 하네. 지금까지 실패한 원인은 세상을 읽지 못하고 주관적 판단이 일을 그르쳤다고 봐야 해. 앞으로 갈수록 4대 강국의 힘의 대결 무역전쟁 헤게모니 쟁탈전은 더욱 심화될 것이고 일본도 정치지도자들이 우리나라를 최대한 이용하여 정권을 유지할 것이네. 우리 지도자들은 이런 때일수록 중심을 잡고 지혜롭게 헤쳐 나가야 하네. 잘못 결정하여 4대 강국의 힘의 대결 속에 빠진다면 백성들만 힘들어진다는 사실을 명심하여야 하네. 세상의 세자도 모르는 지도자들이 국민을 현혹시키고 아둔한 생각으로 나라의 대사를 결정하는 것은 망국의 지름길이야.

　고　국민들의 여론도 봐야 하는데 쉽지는 않겠습니다. 또 그런 외교를 할 수 있는 외교관을 선택하는 것도 신중해야 하겠는데요.

변산노인 바로 그렇지. 노련한 전략가라도 상대국에게 우리의 의중을 간파당한다면 더욱더 낭패일세. 이런 경우는 노련한 전략가보다는 자기주장을 전혀 하지 않는 여성이거나 신사 같은 정치가도 괜찮은 선택이지. 외교적 형식을 너무 잘 아는 사람들은 자존심 국가 간의 신의 성과 등을 생각하며 자기도 모르게 자기주장을 펴기 쉽지. 그래서 외교관일수록 투철한 역사관과 지혜가 필요한 것이야. 외교관들을 특별히 교육하여 내보내는 국가적 교육시설이 있으면 좋겠네.

고 역대 외교관 중에서 좋게 평가된 사람이 있는지요.

변산노인 참 어려운 질문일세. 지도자들이 그런 인재를 고를 줄 모르니 아직은 보지 못했네. 미국의 격에 맞춘다고 총리를 지냈던 사람을 대사로 임명하는 우리나라 아닌가. 미국은 우리나라 대사를 국장급 정도로 내세우는데 전직 총리라니. 지혜 있는 지도자라면 인재를 널리 구하고 선정하는 것도 좋은 방법이 아니겠나. 물론 지혜 있고 역사를 잘 아는 사람을 선택하면 더욱 좋을 것이고. 영어나 외국말을 전혀 못하는 사람이 오히려 우리나라에 이로울 수 있다는 것을 아직 지도자들이 모르고 있는 것 같으이. 모든 문제는 지도자의 그릇이야. 그릇이 안 되는 사람이 선거만 잘해서 대권을 쥐면 국가 사무를 분간음 못하고 권력을 휘두르려고 하니 크나큰 문제야. 참모진들에게 휘둘려 권력을 어떻게 쓰는지조차 모르는 허망한 지도자들이 있으니 나라가 시끌시끌하고 혼란스러운 게지. 지도자는 모든 것을 잘하는 사람이 아니네. 사람을 잘 쓸 줄 아는 사람이 지도자야. 그러나 우리나라는 힘에 의한 선동정치, 진실은 감춰진 채 말만 앞세우는 정치, 권력에 장막을 치고 백성 위에 군림하는 정치, 권력과 부가 결합하여 나라 안에 공화국이 수십 개가 넘는 정치, 그렇게 우리는 분열사회가 되고 있는 것 아닌가.

한번 보게. 우리나라 안에 얼마나 공화국이 많은지. 먼저 우리나라의 정당은 이미 공화국이고 각 부처 수장을 중심으로 판사공화국, 검사공화국, 경찰공화국, 군인공화국, 재계 수십 개의 그룹공화국, 서울공화국, 경기공화국, 경상공화국, 호남공화국 등등 얼마나 많은가.

기자 그렇게 말씀하시니 우리나라에는 정말 공화국이 많군요.

변산노인 큰 것만 그렇지 작은 것까지 합하면 셀 수가 없다네. 사학재단도 공화국이야. 자기들 위에는 아무도 없는 것처럼 학생 위에 군림하고 직원들의 왕 아닌가. 소위 갑질이라고 한다지. 우리사회가 언제부터인가 갑질 공화국이 되었네. 백성들은 먹고살기 위해 그 공화국 내에서 안간힘을 쓰면서 살고 있지 않나. 그럴수록 왕들은 더욱 그 권력을 공고히 하기 위해 또 다른 권력과 유착하여 끼리끼리 나눠 먹으면서 갑질이 습관화되었지.

얼마나 많은 끼리끼리 문화가 존재하는지 이제 심각성을 알겠지. 그러니 사회가 분열되고 모두 자기만 잘났다고 외치는 형국이 된 것 아닌가. 불법과 못된 짓을 하면서도 그것이 죄인 줄도 모르고 자기들만의 고유 권한인 것처럼 혈연 지연 학연이 뭉쳐 공화국에서 권한을 부리고 있지 않나.

　백성이 분노하면 모든 공화국이 일시에 무너지는 날이 오겠지. 백성이 주인인 나라가 오겠지. 그것 또한 역사의 수레바퀴야.

　고　그런 우리나라의 입장을 잘 알고 외교에서도 능숙하게 하려면 어떤 인사를 등용해야 현명할까요.

　변산노인　외교하면 외국어 능력을 우선시하는데 그것이 잘못되었네. 먼저 역사에 조예가 깊은 인물로 해야 해. 외국어를 능숙하게 하는 사람들은 대개가 유학파가 아닌가. 유학파는 신중하게 선택해야 하네. 그들의 부모나 형제가 권력이나 재력을 과시하며 국민을 무시하는 사람이라면 정신적으로 문제가 있어서 쓰면 안 되는 것이지. 외국의 문화에 젖은 사람들은 그것이 옳은 것처럼 특히 선진국에서 유학한 사람들은 그들의 문화가 우수하고 민주주의가 잘 되었다고 생각하지. 오히려 강대국의 논리대로 움직일 소지가 많다네. 우리나라의 문화와 역사가 지구상에서는 가장 우수하고 선진 문화라네. 역사를 모르니 사대주의에 빠지는 것이야. 문명의 기초를 닦았고, 의학과 농업을 창시하였고, 동양 3국의 글자를 만들었고, 유교의 틀 즉 학문의 기초를 세운 민족이 우리 민족 아닌가. 한문은 우리가 만든 것은 알 테고, 한글은 세종대왕이 창제하였고, 일본어는 설총의 이두가 일본으로 건너가 일본어가 된 것이네. 그러니 동양 삼국의 언어는 우리 민족이 만든 것 아닌가.

구체적으로 말하면 복희황제가 문명의 시작을 알렸고, 황제헌원씨가 의학이나 농업의 기초를 세워 기록하였고, 요임금이 덕의정치를 보여 주었고, 그 뒤에 은나라 주나라 시대에 글자가 정립되면서 유교가 싹텄고 학문이 비약적으로 발전하였지. 이 모든 것이 우리 문화라네. 사실 동이족이라는 말도 중국 한족이 역사를 왜곡하면서 부르기 시작한 말이지. 우리는 처음부터 중앙의 세력이었기에 민족 이름이 없었다네. 그냥 우리인 것이지. 황제나 임금의 이름이 곧 국가였다네. 요순시대라 하는 시대도 요임금 시대에는 요국, 순임금 시대에는 순국이라고 불렸던 것이지. 중국사람들이 요순시대라고 이상국가처럼 말하는 시대도 우리 민족이 다스렸던 시대인 것이지. 역사의 왜곡은 생각보다 심각해. 우리의 조상들이 중국의 조상이 된 것 아닌가. 천년이 넘는 동안 왜곡을 하였으니 주나라 이전의 동이족에 대한 기록들은 왜곡이 심각한 수준이라고 생각하면 맞는 말이야. 은나라가 주나라에게 망하고 동이족이 구심점이 없어지면서 흩어지게 되었고 점점 동이족이 약화되면서 한대에 더욱더 역사의 왜곡이 심해졌지. 고구려와의 전쟁에서 패전을 하였어도 승전한 것으로 기록하였으니 얼마나 역사 왜곡이 심했겠나. 그렇게 우리는 동이족으로 폄하되었고 고조선이라는 실체도 없는 동이족 문화를 만들어 내어 그들 한족과 차별화한 것이지. 부여국도 동이족의 소국에 불과한 것이야. 한족이 역사를 왜곡한 처음 시점은 요임금시대에 단군이 나라를 세우려고 요국에 당도하여보니 이미 요국이 있는 것을 알고 20년 후에 동쪽의 태백산(백두산)에 나라를 세운 것이 동이족으로 된 것이네. 본 역사는 한족의 역사로 왜곡한 것이지.

우리 역사를 알고 우리 입장을 알고 각국의 인재들과 경쟁하는 사람이 외교관인데 외교관을 임명하는 것은 국가적 큰 사업이라고 생각해야 한다네. 현재의 외교관들은 외무고시를 통해 선발된 사람이나 정치권에서 경험이 많은 사람들이 대부분 아닌가. 외교관 선발은 국사나 역사가 가장 중요한 선발 기준이 되어야 하는 것이야. 역사를 모르는 사람이 어찌 우리나라를 대표할 수 있단 말인가. 우리나라의 공무원들도 이런 기준을 정하여 선발하는 것이 사실은 정답이라네. 경제논리를 알고 전 세계 흐름을 아는 것은 다음 아닌가.

현재의 외교관들은 끼리끼리 문화가 너무 확산되어 외교공화국을 만들고 있을 것이네. 자기들만의 영역이라고 착각하는 것이지. 고시라는 것은 많이 알고 있는 사람을 선발하는 것은 좋지만 인성을 보거나 지혜를 보는 방식에는 좋지 않은 방식이라네. 그러니 백성을 생각하지 않고 출세에 눈이 어둡고 정치판을 기웃거리고 아부를 잘하는 약삭빠른 쪽으로 발달하는 게지. 그러다 보니 자기 스스로 권위를 내세워 하위직에 갑질하는 경우를 종종 뉴스에서 보질 않았나.

우리나라의 고시라는 것이 네 가지에서 정답 하나를 고르는 시험을 보고 있으니 인재를 고르는 방식으로는 이미 부적합한 방식이야.

그러니 학연 지연 혈연을 등에 업고 출세하려 하는 것이지. 이런 폐습 또한 극복해야 하는 과제 아닌가.

이 어르신께서는 역사에 대하여 어떻게 그리 아시게 되었는지요.

변산노인 많이 아는 것은 아니고 중요한 부분을 조금 아는 정도지. 배움이 없으니 그저 닥치는 대로 서적을 읽다 보니 그렇게 된 것이야. 돈이 없어 책을 살 수 없어서 빌려서 읽었고 정독을 했고 몇 번을 읽었고 시일이 되면 또 빌려서 읽고 그렇게 알게 된 것이지. 역사 서적을 빌려 읽으면서 역사에 해박한 선생님을 만나게 되었고 서로 대화하면서 역사 전체의 흐름을 약간 알게 된 것이지. 지금은 돌아가셨지만 나에게 역사 말씀을 해 주신 선생님은 전 세계 역사를 모두 아시는 듯 했으이. 내 주변에 살아계셔서 몇 년 동안 가끔 만나 대화하는 정도였지만 그때가 나에게는 역사를 보는 안목을 가진 시기라네. 그분도 다른 사람에게는 모르겠는데 나에게는 역사에 대한 말씀이 많으셨네. 주로 인물 중심의 역사관이지. 요즘 학교에서 배우는 외우기식은 전혀 아니라네. 인물을 말씀하시며 시대를 말씀하시니 듣는 것만으로 재미가 있었네. 지금은 나도 나이가 들어 많이 잊어 먹었어.

인물을 말해 보자면 지혜가 있느냐 없느냐의 차이야. 나도 이름을 잊어 먹었는데 옛날 어느 마을에 지식도 있고 서로 자존심 싸움하며 농사를 짓고 사는 두 선비가 있었네. 어느 해인가 여름에 갑자기 날씨가 차가워 서리가 내리면 농사를 망칠 것이라는 이야기가 마을에 돌았네. 대부분 농부는 아무 대비도 못 하고 걱정만 하였는데 그 중 지혜 있는 선비는 아무 말도 하지 않고 논두렁을 높게 쌓더니 벼 잎이 잠길 정도로 논에 물을 가득 채워 놓았다네. 그리고 자기를 따르던 다른 농부들에게도 속히 논두렁을 높게 쌓고 논에 물을 대라고 독려하였다네. 그 농부를 따라 바삐 일을 하는 사람들에게 다른 편을 든 농부들은 이래저래 다 죽을 텐데 헛수고라고 하면서 비웃었다네. 며칠이 지나 추운 날이 지나가고 논에 가보니, 다른 논에는 서리가 내려 농사가 모두 망쳤는데, 그 농부의 논은 물이 가득 차 있었고 물을 빼서 보니 서리가 물에 녹으며 농사에는 피해가 없었던 거야. 그 해에 그 농부는 다른 해와 같이 풍작을 이루었다는 이야기인데 지혜란 무엇인가 생각하게 하지 않나. 공부를 잘하고 고시에 합격했다고 하더라도 지혜가 없으면 인재는 아니라네. 지도자들이 지혜가 있는 사람을 고르는 안목을 키워야 하지 않겠나. 우리나라도 대학이나 학당에서 정규과정은 아니더라도 인재를 키우고 가르쳐서 지혜 있는 사람으로 만들어야 하는데 우리나라는 그런 교육을 하는 곳이 많지 않으니 안타까운 일이지. 지혜로운 사람이 지혜 있는 사람을 만드는 것이야. 모두 출세하는 이야기 성공하는 이야기 돈 버는 이야기에 마음을 뺏기니 역사나 인성이 들어갈 틈바구니가 없는 것 아니겠나. 인재는 만들어지는 것이지 저절로 인재가 되는 것은 아니라네.

고 현실적으로는 현재의 사람들을 써서 대처할 방법밖에 없는데 어떤 사람을 쓰는 것이 현명할까요.

변산노인 이런 방법도 괜찮은 방법일 걸세. 외교관을 공모하여 역사관 국가관 그 나라의 입장 등을 심사하여 채용한다면 좋은 방법이 될 것이네. 끼리끼리 문화도 청산할 수 있고 말이야. 끼리끼리 문화가 관행이 되고 굳어버리면 그것이 외교공화국이 되고 비리의 온상이 되는 지름길 아닌가. 왜 우리나라는 인재를 널리 찾을 생각은 하지 않고 자기 편 사람 중에서 찾으려고 하는지 이해가 가지 않네. 국가적으로 생각한다면 국익에 가장 접근할 수 있는 사람을 골라야 하는 것 아닌가. 아는 사람 중에서 찾으니 정권이 바뀔 때마다 잘하는 사람이 바뀌어 연속성이 사라지는 것 아닌가.

지도자가 사람을 잘 선택하는 안목을 가질 수밖에 없네. 지도자가 현명하고 지혜로워야지 말을 앞세우고 잘난 척이나 하고 상황판단을 못 한다면 미래가 걱정이야.

기자 최근 들어 세계적으로 무역 안보 등과 관련하여 지도자들이 자주 만나는 모임이 많은데 우리나라 지도자는 어떤 마음가짐으로 이에 응해야 할까요.

변산노인 앞에서도 언급했지만 주장보다는 상대국의 말에 귀를 기울이고 말보다는 작은 것부터 실천하는 믿음을 주는 것이 중요하네. 똑같은 결론이라도 우리가 먼저 주장하면 어느 나라인가는 우리를 견제할 것이네. 그러나 상대국에서 나온 이야기라면 그리고 그것을 당사국과 합의하여 결정된 사항이라면 인정하고 동조할 걸세. 어느 나라도 잘난 체하는 지도자를 좋아하는 나라는 없다네. 특히 우리나라는 북한과 비교되면서 군사적으로 대치하고 있으며 미국과 일본 중국과 러시아가 주변 강국으로서 서로 군사적으로 경쟁하고 있는 판국이니, 우리가 나서서 북한 문제나 안보문제를 거론하는 것은 주변 강국을 자극할 것이고, 한쪽에 치우친 발언은 반대편의 나라를 자극할 것이니, 우리는 허허실실한 전법이 가장 좋은 방법이지.

사실 따지고 보면 우리나라가 분단된 것은 주변 강국들이 만들어 놓은 역사지 우리가 선택한 것이 아니지 않은가. 역사의 수레바퀴가 계속 돌아가 주변 강국들의 시대가 저물면 그들은 한반도에 불행한 역사를 만든 책임을 톡톡히 져야 될 것이야. 아직은 허허실실로 순응해 가야 하네. 그것이 우리 국운이라면 인내하며 기다려야지. 지도자라면 더욱 그러하다네. 자네들도 정치를 하려면 이런 점을 명심하여 국가나 백성을 생각하는 지혜로운 정치를 해야 하네. 그리고 그런 지도자를 세울 줄 아는 사람도 되어야 하고.

무역문제도 주변국들을 너무 자극하지 않는 선에서 상대국과 교역하고 기술로 승부를 걸어야지 정치적으로 승부를 내려 들면 이미 패배한 외교일세. 그래서 지도자는 그런 안목도 겸비한 지혜로운 사람이 되어야 하는 것이야.

사실은 가장 힘들고 어려운 지도자가 우리나라 지도자야. 어느 나라도 만만한 나라는 없다네. 섣불리 실력도 안 되는 사람이 지도자가 된다면 국운이 흔들리는 만큼 세력이나 과시하고 선동정치를 일삼는 그런 자들을 잘 걸러내야 하는데 그것은 어찌되었든 국민의 몫 아닌가.

6. 사도가 무너지니 걱정이야

　청아한 날씨의 가을 어느 날 기자가 사람 둘을 대동하고 모정에서 생각에 잠긴 변산노인을 찾았다. 이제 기자는 몇 번 만난 사이인지라 변산노인을 대하는 태도가 자기 선생님을 대하듯 친근하였다. 기자는 변산노인에게 두 사람을 소개하였다.

기자 어르신. 이분들은 다음 지방선거에 출마하실 생각으로 어르신께 좋은 말씀을 들으려 모당에서 오셨습니다.

변산노인 먼젓번 그 당인가.

기자 그 당은 아니구요. 다른 당 소속입니다.

최 처음 뵙겠습니다. 모당소속 최아무개라 합니다. 많이 지도하여 주십시오.

홍 저는 홍아무개라 합니다. 기자한테 말씀 들었습니다.

변산노인 기자가 잘못 알고 오신 듯합니다. 시골 노인네가 알면 얼마나 안다고 이러시는지 부끄럽습니다. 저는 김상길이라 합니다.

최 말씀 편하게 하시지요. 저희가 한참 연하입니다.

홍 예. 편하게 대해 주십시오.

기자 어르신 오늘은 회 한 접시와 막걸리를 준비했습니다. 괜찮으시죠.

변산노인 번번이 얻어 먹는군. 막걸리야 늘 마시는 농주인걸.

기자는 안주와 막걸리를 차리고 변산노인에게 한 잔 하시자고 제안하고 변산노인도 같이 들자고 말하였다. 먼저 변산노인이 말을 이었다.

변산노인 기자양반. 알지도 못하는 시골 노인에게 이렇게 자꾸 찾아오면 나보고 어떻게 하라고 이러는가. 내가 재미 삼아 세상 이야기를 했지만 공연히 분란이나 만들지 않을까 걱정이네. 여기서 들은 이야기는 여기서 마무리하는 것으로 하게.

기자 공연한 걱정이십니다. 그리고 어르신께서 틀린 말씀을 하시지도 않으시는데 문제가 있겠습니까. 문제를 삼는 사람들이 이상한 사람들이죠.

최 어르신. 저희들은 단지 인사도 드릴 겸 말씀도 들을 겸 해서 왔지 어떤 뜻이 있겠습니까. 부족하지만 열심히 배우겠습니다.

기자 최아무개씨는 대학에서 사회학 강의를 맡고 계십니다.

변산노인 아 그래. 그런 양반이 나에게 들을 말이 있겠어.

홍 어떤 말씀이든 많이 배우겠습니다.

기자 요즘 공교육이 무너진다 사학비리가 만연하다 인성교육이 전혀 안 된다 등등 교육문제가 심각한 수준입니다. 바로잡을 방도가 있겠습니까.

변산노인 그렇지. 교육문제가 심각하기는 하지. 사실 심각하게 된 가장 큰 원인은 권력과 돈을 가진 사람들의 욕심에서 비롯되었어. 부와 권력이 결탁하여 자기들만의 학교를 만들고 특수 교육을 시킨다 맞춤형 교육을 받는다 개인 교육을 받는다 떠들어 대니 일반 학교에 다니는 대부분의 부모들은 어떻게 하여서라도 자기 자식만은 뒤떨어지지 않도록 좋은 교육을 시키려 발버둥치며 허리가 휘어지는 것 아니겠나.

욕심은 또 다른 욕심을 낳는 법. 이제는 그 악의 뿌리가 깊게 뻗어 잡기도 어렵게 되었지. 잡으려고 하면 잡히지 않으려고 발버둥을 치면서 저항이 심할 것이네. 모든 일은 지도자를 잘못 선택한 결과야. 여러 번 말했지만 지도자가 그렇게 중요한 것이라네. 나라의 모든 흥망성쇠가 달려 있거든.

최 지금이라도 바로잡으려면 어떤 방법이 있을 까요.

변산노인 교육은 백년지대계라는 말은 과거에서부터 내려오는 진리 아닌가. 그런데 지도자나 권력자나 부자들이 자기 자식만은 더 잘 되게 하려고 욕심을 내다보니 서로 결탁하고 상부상조하면서 그런 제도를 만들고 허가해 주고 또 다른 교육의 성을 쌓은 것 아닌가.

사실 그렇다고 그들 자식들이 나라를 위한 지도자감이 되었는가. 자기 우월에 빠져 자기들만의 성을 쌓는 일에 매진하면서 일반 백성들과는 오히려 격리되고 있는 것이지. 인간은 서로 어울려 놀고 일하고 배우고 사는 것이 최고 행복인 줄도 모르는 불행한 사람들이지. 그런 사람들은 스스로 자기 자식들을 불행한 사람으로 양성하고 있는 것도 모르는 옹졸한 군상들일 뿐이야.

그렇더라도 그런 행동들이 사회에 끼친 해악이 너무 커서 일반 백성의 허리가 휘청할 정도가 되었고 사회문제가 되었고 사회악이 되었지.

그 결과가 현재의 교육 아닌가. 사도가 무너진 것이야.

언제부터인가 부모들이 선생들에게 뇌물을 주기 시작하였고, 일상화 되었고, 이제는 차별까지도 스스럼없게 되었으니, 사도가 무너진 것이야. 학원 등 사교육이 일상화되었고 돈 없으면 자식 교육도 못 시킨다는 자조적인 말까지 생겼으니 권력자와 부자가 결탁한 교육제도가 얼마나 잘못되었는지 증명이 되지 않나. 한번 잘못 결정된 제도는 제도도 성장을 계속하여 나중에는 손쓸 방법도 없이 파장도 심각하게 되는 것이야.

결론적으로 권력자 부자의 결탁으로 인한 특수교육학교 사교육 양성이 공교육을 몰락시켰고 사교육 광풍이 불었고 사회 경제구조가 바뀌었고 결국 사도가 무너졌고 나라가 위태로운 지경에까지 다다르지 않았나.

바로잡기는 쉽지 않을 것이야. 특별교육기관을 없애고 일반 공교육을 강화하면서 모든 평가를 역사 인성 지혜 그 다음이 지식 순서로 가중치를 둔다면 누가 돈 많이 써 가면서 특수학교로 보내겠나.

학교교육은 모든 사람이 똑같이 공부를 잘하는 것이 목표가 아니라네. 사람마다 각기 다른 개성을 살리고 장점을 살려서 어떤 분야에 필요한 사람이 되는 것이지. 모든 분야에서 뛰어난 성적을 거두는 것이 아니지 않은가.

사실 교육은 전문가를 양성하는 것이야. 사회 구성원으로서 떳떳하게 자기 자신을 영위해 가는 시민을 양성하는 것 아니겠나. 모든 사람이 입시에 뛰어들고 더욱 잘되기를 바라고 욕심을 내다보니 전문가는 없고 사회에 필요 없는 잘난 사람만 수없이 양산하는 꼴이 되지 않았나. 최근에는 음식을 잘하는 사람들이 대우를 받기는 하지만 음식을 잘해도 좋고, 차를 잘 고쳐도 좋고, 머리를 잘 만져도 좋고, 그림을 잘 그려도 좋고, 노래를 잘해도 좋고, 운동을 잘해도 좋고, 코미디언도 좋고 그런 전문가들은 먹고살 걱정 없이 자기 분야에서 두각을 나타내며 훌륭한 사람으로 잘살고 있는 것을 많이 보고 있지 않나.

더 두고 보면 알겠지만 권력자 부자들의 자식들을 인성교육을 시키지 않고 지혜가 없이 우월주의 교육만 시킨다면 다음 세대를 넘기기 쉽지 않을 것이고 사회에서 도태되어 낙오할 것이네. 그것은 부자는 삼대를 못가고 권력은 10년을 넘기지 못한다는 옛 속언에서 말해 주고 있으며 역사가 증명해 주고 있는 사실이야.

가장 좋은 방법은 그들 권력자 부자들이 교육을 바로 잡는데 먼저 앞장서고 지도자가 동조한다면 일은 잘 풀릴 수 있지만 그들이 저항하면 또 다른 사회문제가 발생하게 되어있네. 다음 세대를 위해서라도 교육문제는 바로잡아야 하는데 이것 역시 지도자의 의지가 중요한 문제지.

또 다른 방법은 현재를 바꾸지 않으면서 교육적 투자를 전문 교육기관이나 기업체가 필요로 하는 산업인력을 양성하는 곳에 집중투자하여 대학을 가지 않아도 취직도 잘하고 잘 먹고 잘 사는 사람으로 될 수 있다는 희망을 줄 수 있도록 교육의 방향을 재설정하는 것이야. 미래 산업구조를 정확히 예측하여 인재를 양성하는 방향으로 간다면 현재의 교육을 다시 살릴 수 있을 걸세. 돈 자랑하는 특수학교에는 예산을 전혀 주지 않고, 특혜도 전혀 없게 만들고 전문학교 과정을 다양화하여 학교설립을 쉽게 만들고 기업체에서 필요한 사람을 스스로 길러 낼 수 있는 길을 열어주고, 국가에서는 필요한 전문가를 정확히 파악하여 수급을 조정하여 나간다면 지금이라도 가능한 일이 아닌가. 시끄럽게 특수학교를 없앤다고 하는 것보다는 방향을 전환하는 것이 중요한 것이지. 현재의 교육부 공무원들도 모두 개편하여 책상머리 행정을 없애고 산업현장이나 기업체에 파견하여 인력을 예측하는 한편 학교설립 등 제반 행정을 직접 실행하는 교육도우미로 활용한다면 군림하는 현재의 공무원들도 자동적으로 해결될 걸세. 수요예측을 잘 못했거나 교육으로 인한 인력수급이 제대로 이루어지지 않는다면 담당 공무원에게 책임을 묻고 현장에서 발로 뛰는 현장감이 살아 있는 교육부로 거듭나야 할 것이야. 지금까지의 교육공무원들은 학교에 군림하고 그들과 결탁하여 이권을 챙기고 교육은 나하고는 상관없는 것처럼 정권의 눈치나 보고 누워서 떡이나 먹으려는 안이한 생각으로 일했다고 생각하네. 교육공직자들이 권력과 학교 측의 눈치를 보게 되었으니 그동안 비리가 얼마나 성행했을지를 말해 주는 것 아니겠나. 교육이 이 정도로 썩고 있는 것을 방치했으니 국민에게 대죄를 지은 것이지. 그들의 책임도 지도자 못지않게 크다고 볼 수 있지.

홍 현재의 공무원들을 개편하기에는 법적 제도적으로 쉽지 않을 것 같은데요.

변산노인 지방인사와 부처인사를 순환하여 보직하고 지방직도 상호 직원을 파견 형식으로 순환근무를 원칙으로 하면서 실무형으로 모두 바꾼다면 생각보다 쉽게 비리가 빨리 없어질 걸세. 모두 생각도 안하고 하지 않으려고 하니까 그렇지. 백성이 편하다면야 못할 일이 어디 있겠나. 법을 하후상박의 원칙하에 엄격하게 적용했다면 기틀이 바로 섰을 것인데 우리나라는 거꾸로 상후하박 되었어. 권력 있고 돈 있는 사람에게는 법도 후하고 교육도 후하고 의료행위조차도 후하니 이 모든 정점은 지도자들이 바르지 않아서 그래.

최 공직자의 보직을 순환하여 실무형으로 바꾼다고 하셨는데 그런 시대가 역사적으로 있었나요.

변산노인 있었지. 조선시대 선비문화가 후대에 와서 혼탁해져서 그렇지. 전기 조선시대만 해도 하후상박의 정신이 이어져 왔지. 청렴한 관리를 으뜸으로 여겼고 지방관리들도 1년에 한 번씩 순환근무를 시켜 비리를 근절하였고 관리들의 비리가 적발되면 선비들이 관리의 탄핵을 제일 먼저 외쳤어. 유교의 선비 정신은 사실 백성을 잘살게 하는 데 목적이 있거든. 인간인 이상 관리들이 욕심을 내기 시작하면서 사회가 점점 혼탁해지고 사회의 기강이 무너진 것이야. 특히 임진왜란 이후 사회가 혼란스러운 과정에서 관리들이 백성에게 군림하기 시작하였고 사회가 점점 혼탁해졌던 것이지.

똑같은 죄라도 돈 있고 권력 있고 빽 있으면 풀려나고 힘없는 노동자 서민만 법대로 살고 있는 것 아닌가. 나쁜 것도 처음에는 고치면 되지 고치면 되지 하지만 많은 사람들이 그러면 어쩔 수 없지 하고 체념하게 되는 것이야. 사회는 점점 더 혼탁해지는 것이지.

기자 이런 잘못된 것들을 확 바꾸는 묘수는 없을까요.

변산노인 묘수가 없나. 안 하려고 하니까 못하는 것이지. 여러 번 말했지만 법이란 만들면 되는 것이고 비리는 못하게 하면 그만 아닌가. 사실 단순하지. 지도자의 의지가 약해서 못 하는 것이야. 엄청난 공격을 당할 테고 저항할 테고 사회가 일시적으로 혼란스러울 게야. 그러다 보니 추진력을 잃고 나중에는 용두사미가 되는 것이지.

하지만 지도자가 하려고만 한다면 못 할 일이 무엇인가. 현재의 우리나라 대통령제하에서는 그 권한을 발휘하여 옳은 방향으로 강력하게 추진한다면 얼마든지 가능한 일이지.

사람을 바꾸고 상호 견제하게 만들고 파견근무를 시킨다면 누가 적인지도 모르는데 감히 비리를 저지르겠나. 사람은 섞어 놓으면 함부로 날뛰지 못하는 법이야. 누가 더 난사람인지 서로 모르거든. 자기 아랫사람이라고 해도 어떤 힘이 있는 사람인지 모른다면 누가 함부로 대하겠나. 그렇게 끼리끼리 문화를 일시에 타파해야 해. 그런 다음 비리근절 명분으로 현재 고위공직자의 불법을 다스린다면 몇

명이나 살아남겠어. 그리되면 어느 부처든지 깨끗해질 걸세. 만약 그런 조치를 반대하는 정치인이나 관리가 있다면 그 사람이 비리가 많은 사람이겠지.

우리 사회의 비리가 모든 학교에 퍼져 학생들까지도 돈 있고 빽 있는 사람들에게는 특혜가 많다는 것을 알 정도로 혼탁해졌으니 미래의 아이들을 육성한다는 취지에서라도 학교 교육은 시급해. 현재의 교육당국자들은 교육 대계를 세울 의지도 없고 정치권 눈치나 보면서 보신에만 정신이 팔려있으니 큰일이지. 현 교육의 틀을 희망을 주는 교육 환경으로 국가 차원에서 대대적으로 바꾸어야 해. 산업과 연계하여 반도체 자동차 섬유 화학 등등 기업체와 대학이 합작하여 대학을 운영할 수 있도록 하여 전문가를 양성하는 것이지. 부국은 백성이 잘 살아야 한다는 것을 위정자들은 명심해야 해.

홍 현재의 교육체계가 잘못되어 사교육 부담이 늘다 보니 결국은 자녀를 두지 않으려는 풍조가 생겼는데 그 문제도 큰일입니다.

변산노인 맞는 말이야. 사회적으로도 자녀를 두면 키우기 힘들고 교육을 시키려면 사교육 부담에 아예 결혼도 안하고 아이도 낳지 않는다고 하니 국가의 미래가 큰일이야. 권력과 부가 결합한 현상이 이렇게 나라를 망조에 들게 하는 것을 보면서도 누구 하나 책임지고 해결하려고 하는 사람은 없으니 큰일 아닌가.

사회는 이렇게 서서히 망가지는 것이라네. 호수 물이 서서히 썩듯이 어느 사이엔가 우리 사회가 이렇게 되어 버렸어. 지도자들이 정신 못 차리고 저질러 놓은 일이지만 결국 그들을 선택한 것은 백성들이니 누구 탓을 할 수도 없지 않은가.

자녀를 두지 않고 결혼도 하지 않으려는 이런 현상을 해결하려면 지금 시점에서는 백약이 무효일 걸세. 세상 이치가 남자는 여자를 만나 사랑하고 아이 낳고 키우고 그것만큼 행복한 일이 어디 있겠나. 요즘은 그것조차 안 하려고 한다지. 결혼도 미루고 아이도 안 낳고 말이야. 정책을 대폭 전환해야 해.

최 국가 예산도 한계가 있고 특별한 방법이 있지 않는 한 정책을 전환한다는 것은 쉬운 문제가 아닌 것 같은데요.

변산노인 생각이 미치지 않아서 그렇지. 방법이야 왜 없겠나. 현재는 유치원부터 문제 아닌가. 마땅히 자녀를 돌볼 사람이 없고 비용도 많이 들어 출산을 기피하는 것이니 유치원부터 국가가 책임지는 수밖에 더 있겠나. 모든 기업체에 유치원 설치를 의무화하고 아이를 가진 직원은 일정기간 휴무를 하지 않아도 아이를 돌볼 수 있도록 유치원에서 일하게 된다면 책임감도 있고 아이도 누구보다 책임감 있게 잘 돌볼 것이네. 출산 교육을 유기적으로 연계하여 자기 시간을 가지면서도 아이를 비용 없이 돌볼 수 있다면 아이를 낳지 않으려고 할 이유가 없을 것이네. 예산을 투입하여서라도 이 문제는 국가에서 바로 잡아야지. 국가의 미래차원에서 생각할 문제 아닌가.

현재 유치원들이 연합하여 아이들을 볼모로 국가예산을 전용하고 학부모 위에 군림하려고 한다지. 국가에서 유치원부터 무료로 보육을 책임지는 것은 앞으로 출산문제를 그나마 풀어나가는 실마리가 될 거이네. 예산문제는 사실 그동안 정치인들이 낭비한 예산만 아니라면 국가에서 아이를 책임질 예산은 충분할 걸세. 자원을 확보한다는 구실로 몇천억을 낭비하고, 강물을 효율적으로 사용한다고 4대강을 막는데 또 몇 조를 낭비하고, 중앙이나 지방이나 선심성 행정을 한다고 몇 조를 낭비하고, 전혀 필요 없는 사업을 벌여 또 몇 조를 낭비하고 이런 현상만 없다면 국가에서 아이를 책임지는 것은 오히려 쉬운 일일 것이야. 산모와 유치원이 결합하고 오륙십 대 일자리 창출차원에서 유치원에 투입하여 인원을 확충해 나간다면 유치원 문제는 해결될 것으로 보네. 아이를 키우는 데 국가에서 나서면 출산율이 많이 올라갈 걸세. 자기 자식이나 손자를 돌보면서 출퇴근하며 돈도 번다면 더욱 좋은 것 아닌가. 머리를 맞대고 좋은 방법을 생각할 시기야.

기자 국가에서 아이를 책임지고 돌보고 교육하는 방향이라면 출산문제는 해결되겠는데요.

변산노인 사실 현재는 직장마다 여성들이 있지만 아이를 낳고 출산을 하면 인력을 제때 수급해 주지 않으면서 일을 해결하려고 하니 여자들이 눈치를 보게 되는 것 아닌가. 공무원들도 아마 여성들이 점점 증가하면서 생각보다 심각한 수준일 걸세. 인원은 없는데 임신 출산을 이용하는 여직원들이 많으니 업무를 남자들이 감당하기 어렵지. 하부 직원들만 힘들어지는 결과가 되는 것이지. 따라서 임신 출산 인원은 즉시 채용해 주고 그 비용은 국가에서 부담하는 것으로 해야 한다네. 남성과 여성이 서로 양보하면서 수긍하는 가운데 건강하게 사는 방법을 모색하는 것이 가장 좋은 방법이 아니겠나.

남녀 성교육도 이치적으로 접근하여 제대로 교육하여야 하네. 남녀가 서로를 잘 알아야 제대로 된 평등사회가 이루어질 것이네. 남자와 여자는 구조적으로 달라. 신체적으로도 생리적으로도 다르니 생각하는 것 계산 방식 포용력 추진력 사회성 등등 많은 부분이 다르다네. 학교에서 일괄적 주입식 교육에만 열을 올리지 말고 남녀를 서로 알고 이해하는 교육이 우선해야 하네. 교육의 기초는 사람이 무엇인가부터 출발해야 맞는 교육이야.

또 한 가지는 교육부와 국방부가 연계하여 실력이 갖추어진 병사를 선발하여 실무자가 필요한 곳에 즉시 투입될 수 있도록 한다면 군인들이 사회에 나와서도 동종업계에 근무할 수 있고 군대가 시간 낭비하는 곳이 아니라는 것을 안다면 서로 좋은 방식 아니겠나. 나라는 한 몸체이지 서로 이권이나 챙기는 곳은 아닌데도 각 부처에서 서로 도움이 되는 연계사업이 없으니 사회의 발전을 막는 것이지. 나라의 모든 부처가 유기적으로 연계하여 서로 돕는다면 인원 예산 면에서 엄청난 절약이 될 것이야.

출산문제도 교육과 연계시키고 국가에서 교육을 책임지고 사회에서 그 비용을 세금으로 부담하는 방식이 일반화된다면 모든 문제는 해결될 것이네.

최 국가에서 교육을 책임진다는 말씀은 대학교육까지 전 교육을 책임진다는 말씀이신가요.

변산노인 아직 대학교육은 국가 차원의 논의가 필요한 부분이지. 그러나 고등학교나 전문가를 양성하는 교육은 예산 지원을 통해 산업계와 연계한다면 공부를 하고 싶은 학생이나 어떤 분야에 소질이 있는 사람은 기회가 많이 주어질 것이네. 지금까지 정부 교육예산이 제대로만 집행되었다면 공교육이 이정도로 무너졌겠는가. 잘못 집행되어 사학재단이나 대학교수의 호주머니로 흘러간 돈이 얼마나 많을지 조사해 보면 어마어마할 것이야. 그런 잘못된 집행만 잡더라도 예산문제는 해결될 것으로 생각하네.

유치원에서부터 중학교까지는 국가에서 무상교육을 시키고 고등학교부터는 적성대로 공부 잘하는 사람은 더 배울 수 있도록 하고, 공부에 소질이 없거나 다른 분야에 소질이 있는 사람은 자동차나 미용 요리 등 전문가를 양성하는 교육을 한다면 국가적 낭비 없이 적재적소에 필요한 인원을 공급할 수 있지 않겠나. 각 기업체에서도 장학금을 주어 자기 회사에 필요한 인원을 국가에서 교육받게 하여 취업에 연계시키고 국가에서는 그런 수요를 파악하여 예산 인원 시설을 정비한다면 선순환의 좋은 교육 환경이 될 것 아니겠나. 현재 우리나라의 산업현장에 외국인들이 많은 업종에 종사하고 있는 것은 다 알겠지. 그러나 국내의 대졸자들은 취업을 못 해서 놀고먹는 사람들이 넘쳐나고 있으니 결과적으로 교육이 잘못되었다는 증명 아닌가.

예산 지원의 틀을 바꾸어 국가교육을 현실적으로 전환한다면 현재의 대학들은 전문가 교육기관으로 전환하지 않거나 현재의 틀에 얽매이는 대학은 대부분 도태될 것이고 고등학교부터 대학 대학원까지도 모두 새 판을 짜야 살아남을 수 있을 것이네.

사학비리도 만만치 않게 심각한 수준인데 교육의 틀을 바꾼다면 사학비리도 상당 부분 없어질 것으로 생각하네. 스스로 변하지 못하는 대학은 예산도 주지 않고 학생들도 지원하지 않는다면 자연적으로 도태될 것 아닌가.

인구는 줄어드는데 교육의 틀도 근본적으로 바뀌어야 하는 것은 당연한 일 아니겠나.

결론은 모든 교육기관이 인성 역사를 가르치는 기초교육, 다음은 전문기술 교육, 다음은 학문연구 고등교육으로 재편될 것이네. 그렇게 된다면 국가적 교육 낭비가 없을 것이고 사교육 저출산 문제도 해소될 것이네. 국가에서 필요한 교육기관에만 예산을 주고 불필요한 학사나 양성하는 교육기관에는 예산을 전혀 주지 않는다면 처음에는 시끌하겠지만 결국 틀이 잡힐 것이네. 이것은 지도자의 의지가 없고서는 어려운 일이지. 지도자가 방향을 제시한다면 빠르게 재편

될 것이네. 현재의 대학들을 기업체와 협약을 맺게 하여 산학을 한데 묶는 것도 좋은 방범이 될 것이야.

권력과 부자가 결탁하면 이렇게 나라가 무너지는 것이라네. 국가는 인재를 길러내고 그 인재들은 사회의 일원으로 가족을 꾸리어 세금 내고 나라를 살찌우는 것 그것이 나라를 운영하는 기본이 아니겠나.

지도자가 정치적 계산에 몰두하고, 예산을 가지고 장난치고, 권력을 개인적으로 남용하고, 백성들을 선동하는 방향으로 몰고 가고 있으니 구한말 시대 상황과 너무 비슷하여 정말 걱정이 많다네.

지금부터라도 정신 차리고 바로잡지 않는다면 사방이 적인 우리나라는 사면초가에 빠질 것이네.

사회는 한군데가 바로잡히면 연속적으로 또 다른 곳도 바로잡히고 또 옆으로 이어지다 보면 전체 사회가 생각보다 빠르게 회복될 것이네. 요즘 말로 나비효과라고 한다지.

최 역사교육을 인성교육의 기본으로 말씀하셨는데 역사교육은 어떻게 이루어져야 하겠는지요.

변산노인 우리가 역사를 중요하게 생각하지 않아서 그렇지 역사는 시대 상황에 따른 인물 경제 사회 문화 등이 총망라된 시대의 흐름 아닌가. 주입식으로 교육하니까 외울 것만 외우고 시험만 잘 보면 된다는 사고방식이지, 그 시대의 인물은 누구며 전쟁 상황이냐 평시냐 백성들은 삶은 어떠냐 그런 결과로 어떤 유물이 남겨 있고 어떤 법이 시행 되었고 등등 한 시대를 통째로 이해하는 교육을 시켜야지. 백제 신라 고구려를 가르치면서 수나라 당나라를 빼놓고 교육을 논할 수 있는가. 그런 교육을 각각 입장을 바꾸어 가면서 토론도 하고 당시의 인물이 되어 본다면 살아 있는 역사교육이면서 인성교육까지 겸하게 되는 것 아니겠나. 수학이나 영어교육에 치중하다 보니 중요한 인성교육과 역사가 빠진 헛교육을 받은 꼴이 되었지. 역사교육은 인물 중심으로 시대 상황을 토론하고 시대의 어려웠던 점, 어려움을 극복하는데 기여한 인물, 정책을 종합적으로 체계 있게 배운다면 역사교육은 인성 윤리 교육까지 겸할 수 있을 것이야. 역사교육은 국가의 흥망성쇠가 달린 중요한 교육인데도 불구하고 현재의 지도자들은 그것을 너무 소홀히 하여 작금의 사회 혼란을 초래했다고 볼 수 있을 것이네. 자기 나라의 역사교육을 우리나라처럼 소홀히 하는 나라는 없을 것이네. 중국이나 일본의 역사보다 월등한 우리나라의 역사를 말로만 이야기했지 교육 현장에서는 나 몰라라 하니 정말 한심한 교육이야. 역사가 살아야 인성이 살고 인재가 살고 국가의 미래가 살고 국민이 행복한 법인데 어찌하여 잘난 사람들이 많은 우리나라 교육이 이렇게 참담하게 되었는가.

 서양에서 배운 사람들을 우대하고 서구 물질문명의 허구를 보지 못한 결과네. 서구사회는 살기는 잘 산다고 해도 모두 기계적인 삶을 산다고 볼 수 있지. 어떻게 보면 부잣집인데 건강이 좋지 않아 먹는 것도 제대로 못 먹고 행동도 마음대로 할 수 없는 환자가 있는 집

같은 모양이지. 활기가 없어. 그런 허점은 보지 못하고 서양 따라가기에 급급해 있으니 지도자는 생각을 많이 해야 해. 좋은 점은 익히되 우리 본연의 정신은 간직하면서 나라를 운영해야지. 서양을 잘못 적용하면 죽도 밥도 아닌 정체불명의 사회가 되는 것이야. 현재의 서양은 오히려 동양을 배우고 있지 않은가.

몇 번을 이야기하지만 사람을 잘 써야 해. 사람을 잘 쓰지 못하면 시계를 거꾸로 돌리는 참담한 일이 벌어지는 법이야.

열국시대에 제나라 환공이 관중의 말을 듣지 않고 간신인 수포와 역아를 쓰는 바람에 아무것도 먹지 못하고 죽어서도 장례도 못 치르고 고자리 밥이 된 일이 있었지 않나. 그 후 제나라는 진나라에 망할 때까지 또다시 패국이 되지 못하고 말았네. 한 번 사람을 잘못 쓰면 그렇게 나라의 운명이 기운다는 것을 지도자는 항상 염두에 두어야 하는데 그런 생각조차 하지 않는 것 같아 씁쓸해. 모두 뛰어난 지식을 가지고 있다고 자랑만 했지 정작 어떤 일을 처리할 때는 기본적인 것조차 처리를 못하여 불신을 자초하며 사회를 시끄럽게 하고 있지 않나. 지혜도 없고 소신도 없고 철학도 없고 한마디로 학력만 높지 할 수 있는 일이 별로 없는 질 낮은 사람들을 선택한 결과 아닌가. 사람은 누구나 각자의 특성을 가지고 있어. 공부머리 일머리 감성머리 상황판단머리가 모두 다르다네. 그래서 적성에 맞는 교육이 필요한 것이고 각자의 개성을 살리는 교육이 필요한 것이지. 그러나 현재의 교육을 보게. 일괄 주입식교육, 성적 우선교육, 대학입시 교육, 몰라도 잘 고르면 기본성적은 얻는 교육, 자기 자식만은 최고가 되기를 바라는 광풍의 사교육, 돈 없으면 어디에 가더라도 기를 펼 수 없는 교육이 우리의 현실 아닌가.

그런 교육의 결과가 오늘날 학교사회 아닌가. 제자가 스승을 구타하고 비아냥대고 심지어 성추행까지 자행하는 현실이 되었고, 스승은 부끄러운 줄도 모르고 학부형 면담을 핑계로 금품을 수수하고, 제자들을 편가르고, 갑질하고, 모르면 학원가서 배우라고 강요하고, 제자가 잘못된 길로 가고 있어도 아무 말도 하지 못하고, 이렇게 사도가 무너지지 않았나. 교실에서 자고 있으면 자게 내버려 두는 것이 요즘 학교라면서. 아무리 도덕이 무너졌기로 학점을 무기로 제자를 성추행하고 갑질하는 스승이 있다니 이미 사도가 무너진 것이야.

시대가 바쁘게 흘러가다 보니 지도자들이 뒤에서 누가 쫓아오는 것처럼 정신 못 차리고 자기주장대로 앞에서 끌려고만 했으니 나라가 시끌시끌하게 된 것이지. 지도자는 자기가 옳다고 주장하기보다는 옳고 그른 방향만 제시하면 되는 것인데 방향도 자기가 제시하고 끌기도 자기가 끌고 가니 자기는 나라를 위하여 최선을 다했는데 다른 사람들이 잘못하여 나라가 잘못되었다고 말을 하는 것이지. 본인이 잘못 끌고 간 것은 망각한 것이야.

그런 결과는 우리나라 교육의 시작이 제대로 되지 못하여 발생했다고 봐야 하네. 바르게 지도자를 양성해야 하는 시기에 이념 논쟁을 하였고, 전쟁을 하였고, 돈 있는 사람들이 유학을 시키다 보니 서양의 문물에 정신이 팔렸고, 잘못을 제대로 가려야 할 시기에 잘못을 가리지 못하고 시간이 흘러갔고, 이제는 전세가 역전되어 잘못한 자들이 출세하고, 큰소리를 치는 기이한 현상이 발생한 것이지. 돈 많은 친일분자들이 제일 먼저 자식들을 유학시키면서 친일을 호도하였고 사회 각층에 활동하면서 나라는 점점 더 혼란스러웠고 그들은 그 뒤에 숨어서 애국자인양 떠들기 시작하지 않았나. 그런 악폐가 아직도 사회에 현존하여 지방색이다 진보다 보수다 좌다 우다 하면서 정신 못 차리고 있는 것 아닌가. 일제 잔존세력들이 살아남아 자식을 교육하고 자본을 축적하고 이념을 개발하여 엉뚱한 방향으로 사회를 이끈 뒤 자기 실속을 차린 것이지.

지도자들이 이런 폐단을 눈치채고 바로잡아야 하는데 바로잡지는 못하고 오히려 권력이 자본가와 연합하여 정권을 창출하고 오히려 그들 세력을 비호하는 세력이 되었고 사회는 더욱더 혼란의 길을 가고 있는 것이고.

지금에 와서 바로잡으려 하지만 그렇게 쉽게 잡힐 일이겠는가. 이제는 할 수 없이 기본 틀에서부터 새 판을 짜야 하는 어려움에 봉착한 것이야. 사회의 집단 이기주의가 도를 넘어 이제는 자기 이익에만 정신이 팔려 적인지 아군인지 분간도 못 하고, 국익이 무엇인지 매국이 무엇인지조차도 모르는 한심한 집단이 되었지 않나.

현재의 공직자들도 인성교육과 역사교육을 다시 시켜야 해. 특히 지도자일수록 역사에는 정통해야 하며 소신 또한 확실해야 한다네.

기자 국가적 차원에서 지도자를 양성하는 학교가 있었으면 좋겠어요.

변산노인 아주 좋은 말이야. 우리나라에는 주입식 암기식 지식을 평가하는 교육으로 성적을 내고 등수를 가리는데 그것은 크게 잘못된 방식이야. 역사나 인성을 전담하여 교육하는 역사교육원 같은 국가적인 교육체계를 만들어 공무원이나 선출직에 나가는 사람들도 역사교육을 이수하지 못하면 대학졸업이나 사회진출을 엄격하게 막는다면 평등사회가 되지 않겠나. 단 교육원의 교수진을 수시로 교체하여 비리가 발붙일 틈을 주지 말아야 할 것이야.

사법 행정 외무 기술고시 등등 앞으로의 지도자들을 암기식 주입식 교육만으로 성적을 내고 있으니 그들의 인성이나 국가관은 생각보다 정확하게 평가하질 못하고 있네. 그리고 교육 시간도 너무 적어. 그들이 정부에 들어와서는 제일 먼저 눈치 보고 줄 서고 아부하고 출세하는 것부터 배우고 있으니 한심한 노릇이야. 자꾸 나라가 공무원들을 위한 나라가 되어 가고 있는 것 같아. 그들이 똑바로 일했다면 현재와 같은 우리나라가 되어서는 아니 되는 것인데 사회 전반이 혼탁해져 있으니 그들 잘못이 많다는 것을 반증하는 셈이지. 요즘 공무원들은 정치인에게 줄 서지 않는 사람이 드물 정도라는데 큰일이야.

현재의 지도자들부터 재교육을 받도록 해야 해. 국회의원을 포함하여 세금으로 봉급을 받는 모든 사람을 대상으로 인성 역사 지혜

실무를 고루 갖춘 사람이 되도록 교육하고, 교육을 이수하지 못한 사람이나 성적이 저조한 사람은 그에 상당하는 불이익을 주어 확실한 국가관과 애민정신을 갖도록 해야 하네. 나라에서는 공무원교육원이나 지방교육기관을 활용 역사교육을 인물 중심의 토론 방식으로 진행하고, 인문학자 지난 정부의 수장 정치인 법학자 등등 사회 저명한 사람들을 강사진으로 하여 국가관과 사회적 책임을 강조하는 실무교육을 다시 받게 한다면 국가의 미래가 열릴 것이네. 이렇게 되면 과거의 폐습에 빠진 공직자는 자연적으로 소멸할 것 아닌가. 사실 현재의 고시제도는 폐지하거나 방향을 재설정하여 모든 시험은 역사관, 주관식 전문 논리전개, 인성을 평가하는 방법으로 전환해야 해.

교육부를 국가인력개발부로 개편 초등학교 과정부터 인재를 육성하는 프로그램을 운영하여 중고등 시절에는 역사뿐 아니라 실무에도 밝은 인재로 키워야 하네. 그들 중 대학을 졸업하면 재교육을 받도록 하여 국가직에 임명한다면 국가의 틀이 바로잡힐 것이네. 대학이다 혈연이다 지연이다 이런 것들은 자연적으로 없어질 것이네. 물론 전문가를 양성하는 교육은 별도로 시행하는 것이고.

어찌되었든 현재의 공무원들 모두 재교육을 통하여 인성 역사분야의 실력을 갖추게 하고, 실력이 미달한 사람은 어쩔 수 없이 고위직이나 현직에서는 제외시키고, 국가의 장래를 위한 교육 프로그램을 새로 짜서 미래의 인재들도 육성해야 하네. 지금까지의 교육방식을 고집한다면 우리나라의 미래는 없을 것이야.

교육의 틀을 잘못 선정한 정부는 초창기 및 군사 정부야. 친일세력을 방관하고 오히려 그들을 중용하기 시작한 것이 우리나라의 기틀이 잘못된 것이거든. 박정희조차 일본 육사 출신 아닌가. 경제개발이라는 명목하에 준비를 철저히 하지 못하고 밥 먹고 사는 경제 분야에 집중하다 보니 친일세력을 오히려 키웠고, 그들이 우리 사회의 지도자가 되었고, 그들은 그것을 감추려고 반공이라는 것을 강조하였고, 그 과정에 무고한 백성들이 간첩으로 양산되었고, 좌파 용공분자가 된 것이지. 정부의 말을 안 듣고 민주화를 외치고 비판하는 사람들은 무조건 용공 좌파가 된 것이야. 자기 잘못을 덮으려고 사회의 이슈를 전혀 다른 시각 이념 논쟁으로 끌고 갔고, 친일을 감추기 위하여 용공 좌파의 올가미를 씌운 것이지. 그것이 영호남으로 갈렸고 좌파 우파 진보 보수로 갈리고 우리나라가 이념적으로 양분되는 결과가 된 것이지. 물론 그 덕분에 국민이 잘 살게 된 것은 큰 공으로 될 것이지만 국론 분열의 시기라는 점도 분명하다네. 현재의 이념논쟁도 그리고 잘못된 지도자들도 모두 그의 영향이 컸다고 봐야 해. 어떠한 문제도 당시 지도자의 생각에 따라 그렇게 많은 변화가 일어나는 것이야.

세상의 지도자라는 사람들은 선도 성장하지만 그만큼 악도 성장한다는 사실을 잘 알아야 해. 후에 훌륭한 지도자가 나와 아무리 수습하려 해도 많은 희생이 따르거나 그만큼 희생의 대가를 치러야 하는 것이 바로 역사가 가르치는 것이야. 권력 재산 등이 흥하고 망하는 순리가 있는 것이거든. 그래서 지도자가 중요한 것이고 교육이 중요한 것이야. 지도자는 그 무거운 짐을 져야 하고, 무거운 짐을 지기 싫으면 지도자가 되어서는 아니 되는데, 욕심으로 지도자가 되어서는 짐을 지지 않고 남 탓만 하면 나라의 꼴은 무엇이 되겠나.

특히 우리나라는 네 마리의 들짐승에게 포위된 토끼 꼴이라서 현명하지 않으면 먹히고 마는 것이야. 그러니 정신 차려야 하고 그 네 마리의 들짐승이 어느 한 마리도 토끼를 먹지 못하게 지혜를 발휘해야 한다네. 러시아와 중국이 북한을 넘보고 미국과 일본이 우리나라를 가지고 요리를 하려고 하니 정말 정신 차리고 외교도 해야 하고 교육도 해야 해. 잘난 체 해도 아니 되고 너무 못나도 아니 되고 잘 나가도 아니 되고 못 나가도 아니 되니 지혜로움만이 살길이야.

최 그러면 어떻게 하는 것이 가장 좋은 방법인가요. 이러지도 저러지도 못한다면 우리나라의 운명이 아찔한데요.

변산노인 그러니 지도자가 중요한 것이야. 4강을 치고 나오면 절대 아니 되는 것이지. 어느 누구 편을 들다가는 우리는 외교적으로 힘들게 되어있네. 사실 정답은 생각보다 바로 코앞에 있네. 아무도 못 먹게 만드는 것 아닌가. 어느 한 가지를 세계최강을 만들어야 하네. 우리나라만 가지고 있는 것 말이야. 들짐승들이 먹지도 못하고 다른 나라에게 뺏기지 않게 서로 감시하게 하는 것, 그것이 최상의 방법 아닌가. 그것이 정답이라고 볼 수 있지. 정치권은 정신 못 차리고 있어도 우리나라를 걱정하는 사람들은 생각보다 많다네. 너무 낙담하지는 말게. 우리나라는 세계최강의 어떤 것을 만들 수 있는 인재가 많은 나라가 아닌가. 누군가는 그런 소임을 하고 있을 것이야. 정치권도 정신 차리고 항상 백성을 생각하는 마음을 간직해야 해.

최 어르신 말씀을 들으니 정신이 번쩍 드는데 세계최강의 무엇인가를 준비하는 사람들을 알고 있으신가요.

변산노인 내가 그것을 어떻게 알겠나. 하지만 누군가는 그런 준비를 이미 하고 있을 것이야. 너무 걱정하지는 말게.

홍 저도 흥미진진한데요.

변산노인 역사 이야기 하나 할까. 임진왜란 이후 서산대사의 제자이신 사명당께서 일본으로 건너가 다시는 전쟁을 일으키지 못하게 인명살상과 재산피해를 따지며 인피 삼백 장과 불알 서 말을 요구하였지. 일본에서는 그것을 쉽게 여기고 인피 삼백 장과 불알 서 말을 준비하고 인피를 햇볕에 말리기 시작하였는데 마를 만하면 비가 내려 젖어서 썩고, 또다시 준비하여 말리면 또 비가 와서 썩고를 반복하다 보니 그러다가는 일본 인명을 모두 살상해야 하는 것 아닌가 하고 큰 걱정을 하던 차에, 당시 일본 공주가 나를 잡아서 인피를 만들면 썩지 않을 것이라 말하였는데 과연 비도 오지 않고 썩지 않아 무사히 인피 삼백 장과 불알 서 말을 조선에 보내게 되었다네. 그 당시 공주가 죽으면서 내가 조선의 왕비로 다시 태어나 조선을 망하게 하리라 하고 죽었다는 이야기가 있네.

  중요한 것은 서산대사께서 일본을 미워하여 인피가 마를 만하면 물방울을 튕겨 일본으로 보내면 일본은 소나기가 내려 인피가 마를 시간이 없었던 것이야. 허나 너무 심하면 일본인명이 심하게 상할까 염려되어 그만두었다네. 우리나라는 그렇게 인재가 많은 나라라는 사실을 말해주려고 한 말이네. 그때 당시 일본에도 인재가 있었다는 증거야. 어느 곳에선가는 그런 인재들이 일을 하고 있을 것이라고 생각하는 것이지.

  지도자들은 항상 정신 바짝 차려야 해.

7. 나라가 서려면 지도자가 바로 서야 해

가을걷이가 끝나고 날씨가 제법 쌀쌀한 어느 날 또 기자가 방안에서 생각에 잠겨 있는 변산노인을 찾아왔다.

기자 어르신 저 또 왔습니다.
변산노인 오 기자양반 아니신가.

기자 저 모정 앞에 손님과 같이 왔습니다. 오늘은 날씨도 쌀쌀하니 근처 식당으로 가시지요.

변산노인 오 그래. 그게 좋겠군.

기자는 식당에 미리 준비를 시켜 놓았는지 식당에 도착하자 주인은 이미 상을 보아놓고 닭도리탕이 다 되기를 기다리는 중이었다. 기다리기 전 서로 수인사가 있었다.

정 대륙신문 정아무개입니다. 말씀 많이 들었습니다. 정치부 기자를 하고 있습니다.

강 저는 모당소속 강아무개입니다. 어르신 많이 가르쳐 주십시오.

변산노인 제가 뭐라고 이렇게 언론에 계신 분이 나오셨군요. 저는 김상길입니다. 하여튼 잘 오셨습니다. 여기 기자하고는 몇 번 막걸리를 나눈 사이인데 올 때마다 새로운 사람과 동행하는군요. 저는 아시다시피 배운 것도 없고 잘나지도 못한 사람입니다. 시골에서 70평생을 농사지으며 겨우 밥술 먹으며 살고 있는데 이렇게 유명하신 분들이 찾아오시니 사실 의아한 생각을 하고 있답니다.

그사이 닭도리탕이 나오고 술잔에 막걸리를 채웠다.

기자 어르신 한잔하시지요. 모두 한잔하시지요.

두어 순배 돌고 난 후 먼저 정아무개가 운을 띄웠다.

정 나라가 정말 시끄럽고 법은 서지 않고 나라가 어디로 가고 있는지 답답합니다.

기자 나라를 바로잡을 묘책이 없을까요.

변산노인 눈 귀가 편할 날이 없이 시끄럽기는 해요.

정 어르신 말씀을 낮추시지요. 저희는 한참 후학입니다.

강 예 말씀을 낮추시지요.

변산노인 무슨 묘책이 없느냐고 했지. 묘책이 별 거야. 사실은 모두 아는 것인데도 실행이 어려운 것이지. 종기를 도려내어 치료하는 것처럼 잘못된 부분은 도려내면 되는 것이지. 도려내는 것은 어려운 일은 아니지만 과정은 시끄러울 것이야.

현재 우리 사회는 모든 선과 악이 공존하면서 깊은 뿌리를 내렸어. 선은 선대로 악은 악대로 세월의 뿌리가 너무 깊어. 구한말 친일파다 친중파다 친러파다 싸우다가 나라가 망하지 않았나. 일제 강점기에는 친일분자다 독립운동이다 갈리고 공산주의와 민족주의로 분파되어 싸우고 해방 이후에는 본격적으로 공산주의와 민주주의로 나뉘어 또 치열하게 이념 분쟁하고, 광복 이후에는 친일세력들을 끌어들이면서 반대파들을 공산주의라고 몰아붙이며 정권을 유지하려 하였고, 박정희시대에는 친일자본가와 결탁하여 경제개발을 하면서 반 독재시대가 되었지. 몇십 년 동안 이런 과정을 겪으면서 무엇이 선이고 무엇이 악인지조차 구분하기 어려운 지경이 되었고 그렇게 모든 사회가 섞이고 흩어지고 양분되면서 분열에 분열을 거듭한 결과 현재의 세상이 된 것 아니겠나. 작금의 세상은 선의 뿌리가 악의 뿌리와 섞여 있고 악의 뿌리도 또한 선의 뿌리 옆에 자리 잡아 선악 구분이 묘하게 되었지. 그래서 수술을 하자면 많이 아플 것이야. 묘책이 없는 것이 아니고 어떠한 좋은 대책이라도 많이 시끄러울 것이야.

정 그렇더라도 수술을 해야 한다면 어느 부분부터 해야 되겠는지요.

변산노인 기자한테는 요전에도 말했는데 먼저 법을 바로 세워야해. 정부의 조직은 어느 한군데 비대해지면 반드시 사단이 나게 되어 있지. 정부의 조직도 우리 몸과 같이 오장육부 중에서 열 곳은 건강한데 한 곳이 비대해지거나 병들면 그 사람은 오래 못 살게 되는 것 아니겠나. 어느 조직이 힘이 몰리거나 권한이 세지면 정부는 건강하게 돌아가지 않게 되고 사회의 비리가 그곳에서부터 발생하게 되어있어. 우리나라는 법을 다루는 조직이 이미 썩을 대로 썩어서 국민 누구도 법은 평등하지 않다고 생각하는 것 아닌가. 다음이 공무원 조직이야. 국민들은 아이엠에프다 민주화 운동이다 노동운동이다 몸부림치고 있는데 공무원들은 나만 배불리 안정적으로 살면 그만이다 평생 국가에서 월급을 주니 걱정 없다 이런 보신주의 아닌가. 퇴직하면 유사기관에 재취업하고 또 월급 받고 연금 타고 잘 사는데 그런 사람들의 눈에 백성이 보이겠는가. 물론 하위직 공무원들은 열심히 노력하고 고생하는 사람들이 많이 있지만 높이 올라갈수록 자신의 안위를 먼저 생각하다 보니 백성보다는 보신이 우선이 된 것이지.

강 그들을 바로 잡을 방법이 없겠는지요.

변산노인 물론 방법이야 있지. 항상 하는 말이지만 지도자의 의지가 중요한 것이야. 지금까지의 비리를 파헤치는 방향으로 몰고 가면 사회는 혼란스럽고 방어하기 위하여 또 이상한 변호사들을 고용하여 사회적 갈등을 부추겨 사건을 희석하는 경향이 많았지. 우리나라에는 이상한 비인간적인 변호사들이나 법조인들이 생각보다 많아. 변호사들 공화국이 되어 버렸어. 오히려 그들이 사회를 흔들고 있는 형국이야. 열심히 억울함을 풀어주기 위해 존재하는 것이 변호사들이 당연히 해야 할 일인지만 우리나라는 그렇지 않아. 변호는 돈벌이 수단으로만 존재하거든. 돈만 많이 주면 중죄인도 잘 풀려나는 세상이 되었지 않나. 오죽하면 유전무죄 무전유죄라는 풍자적이고 자조적인 말을 유행처럼 말하지 않는가.

비리를 근절하는 방향이 먼저라는 이야기야. 죄를 물어 단죄하는 것도 비리를 없애는 방법이지만 어떠한 방법을 동원하더라도 비리를 저지를 수 없는 구조로 공무원사회를 만든다면 일은 간단히 해결할 수 있지 않겠나.

정 그런 방법이 가능하겠어요. 역대 정권에서 하려고 해도 할 수 없었던 일인데요.

변산노인 정권이 들어서면 처음에는 모두 바로잡을 것 같이 요란하지만 나중에는 용두사미 흐지부지되었지. 새 상을 차려 봐야 전에 먹던 그 나물에 그 밥이었다 그 말이야. 그러니 새로운 비리가 늘어나면 났지 줄어들지는 않았고 이제는 끼리끼리 뭉쳐 그룹으로 이익을 챙기게 되었고 자기들만의 세력을 만드는 참담한 지경에 이르렀지. 어느 부처든 어느 기관이든 어느 조직이든 혈연 지연 학연이 결부된 끼리끼리 문화가 없는 곳이 없지 않은가. 힘없는 백성들만 힘들어졌고, 그들은 자기들 위에는 사람이 없는 것처럼 권력을 독점하였고, 늑대의 탈을 쓴 것이지. 자네들도 당에서 왔고 언론에 종사하고 있으니 그들 중 한 명일지 모르는 일이지. 이래저래 백성들만 힘들어지는 세상이야.

기자 어르신 해결하는 방법이 정말 없을까요.

변산노인 어 그래. 해결은 해야지. 중앙부처든 지방이든 공기업이든 모두 똑같은 방식으로 해결하면 간단하다네. 전에도 언급을 했지만 예를 들어 정확하고 사실적인 감사가 이루어진다면 비리를 누가 저지르겠나. 감사원은 누가 감사하나. 국회의원들이 한다고는 하지만 사실은 수박 겉핥기식 감사 아닌가. 그리고 무슨 문제가 터져야 감사하는 방식 아닌가. 감사 방식을 전혀 다른 방식으로 전환하는 것이야. 감사원 감사는 검찰에서 하고 청와대는 국회에서 이렇게 각 부처의 감사는 서로 바꿔 감사를 한다면 아마 정확하고 사실적인 감사가 이루어질 것일세. 처음에는 이곳저곳에서 난리가 나겠지만 비리는 완전히 사라질 것이네. 사실 각 부처의 일이라는 것이 기술적인 전문가들을 등장시켜 확인하면 되는 것이고 크게 어려울 것이 없을 것이네. 지방은 시도 감사관실을 서로 바꾸어 감사하게 한다면 지방의 비리는 순식간에 사라질 것이네. 감사를 잘하여 많이 적발하면 포상하고 승진을 시키면 서로 많이 적발하려고 야단일 것이네. 봐주는 것은 없어질 것이야. 현재의 감사는 항상 제 식구 감싸기 감사가 아닌가. 한마디로 기관장을 감사할 사람들이 그 사람 밑에서 근무하는 사람이니 감사가 제대로 될 수 있겠는가. 한 부처에서 돌고 도는 인사가 이루어지고 혈연 지연 학연이 존재하다 보니 제 식구를 항상 감싸게 되어 있는 것이지. 서로 바꾸는 감사 체계가 정립된다면 우리나라는 순식간에 비리가 사라질 것이네. 생각보다 쉬워. 하지만 지도자가 그런 방식을 모르거나 하지 않으려고 하니까 못하는 것이야. 서울시 감사는 경쟁적인 경기도가 부산은 광주시가 경북은 전북이 강원도는 대전시가 이렇게 중구난방으로 감사 방식을 바꾸어 진행하고 다시 한번 다른 시도가 재감사를 통하여 확인하는 방식이라면 비리가 사라질 것 같지 않나. 중앙부처도 마찬가지야. 교육부 국방부 환경부의 모든 감사실을 바꾸어 감사하고 재감사를 또 바꾸어 진행한다면 대통령이라도 비리를 저지르지 못할 것이네. 감사 과정에서 고도의 전문성을 요구한다면 민간 전문가를 동원하여 해결하면 될 것이고, 언제든지 의심이 들면 재감사를 하는데 누가 비리를 저지르겠나. 현재 우리나라처럼 부정부패가 많은 것은 법원과 검찰의 잘못도 크지만 감사원이나 감사 조사부서가 잘못되어 가면서 서서히 나라를 좀먹게 되었던 것이야.

또 한가지는 우리나라에 특히 많은 사안 중 비밀을 유지해야 하는 명목하에 비리가 발생하는 곳이 너무 많아. 그런 곳에도 예외 없이 비공개로 정확한 감사가 이루어질 수 있도록 해야 해. 내가 언급을 안 해도 다들 알겠지.

자네들이라면 이런 방식이 어렵다고 생각되는가.

정 아닙니다. 그런 방식을 도입한다면 생각보다 쉽게 부정부패가 사라지겠는데요.

강 저도 같은 생각입니다. 크로스 체킹을 한다면 혈연 지연 학연이 끼어들 틈이 없겠는데요. 그리고 재감사를 통하여 확인한다면 더욱더 명확하게 해결이 되겠는데요. 그런데 역대 정권에서 왜 그런 방식을 도입하지 않았는지 모르겠습니다.

변산노인 몰라서도 그랬겠지만 사실 알았다 하더라도 그렇게까지 할 필요가 없다고 판단한 것이지. 지금까지 정권을 유지 하려면 어느 정도의 비리는 눈감아줄 필요가 있었던 것이지. 그러니 각 정권마다 비리 척결을 외치면서도 도와준 사람에게 권력을 나누어 주다 보니 비리가 재생산되는 폐습이 생겨난 것이지.

그러나 이러한 감사제도로 법을 확립한다면 부정부패는 일소할 수 있을 것이야.

기자 먼젓번에 말씀하신 사법개혁에 대하여 좋은 방법이 있으신지요.

변산노인 어느 부처든 간에 권력이 모이면 썩게 되어있네. 이것은 고금의 이치야. 사람 사는 곳에는 힘이 모이거나 부가 모이면 반드시 어떤 사단이 나게 되어있네. 비리가 일어나든 법을 어기든 눈속임이 일어나든 어떠한 형태로라도 잘못은 일어나는 것이라네. 그러면 힘을 함부로 못 쓰게 하면 되는 것이고 돈 자랑을 함부로 못 하게 하면 그것이 답이지. 그런 관점에서 본다면 검사가 권력을 부릴 수 없게 제도를 만들면 되는 것 아닌가.

먼저 제도권에서 양형제도 이야기가 있었는데 그것은 반드시 도입되어야 하네. 돈 있고 권력 있는 사람에게는 가볍게 내려지는 처벌을 같은 범죄 같은 처벌이라는 형평성을 이루어야 사법정의가 이루어지는 것이야. 그것이 이루어지지 않으니 법이 잘못되었다고 하는 것 아닌가. 법을 만드는 사람들이 모두 힘깨나 쓰는 사람들인데 양형제도를 그렇게 쉽게 만들겠나. 정치권에 있는 사람들부터 반대할 것이네. 양형제도가 도입되면 또 한 가지 민간위원들을 수시로 바꾸어 임명하여 양형을 확정하거나 감형하는 방식으로 활용하는 것이야. 인간인지라 법에도 한계점이 있고 정상이 참작되는 사건이 있는 것 아니겠나. 그래서 검판사가 확정하는 것이 아니라 민간위원들을 두어 확정하는 방식이지. 판사는 판결을 하고 민간위원들은 그 판결이 타당한 것인지 재심사를 하는 방식이야. 그런 제도가 확립된다면 검사나 판사가 함부로 봐주기 수사나 판결을 하지 못할 것이네. 그런 제도를 보다 더 선명하게 1, 2차 수사제도를 도입하여 검사의 봐주기식 단독 조사를 못 하게 만드는 것이지. 단 2차조사는 1차 조사가 잘되었는지를 판가름하는 것이니 만큼 2차조사 주체를 법으로 명기하여야 할 것이네.

양형제도 재조사제도만 확립된다면 법조 비리는 대다수 없어질 것이네. 특히 양형제도에 정치인이나 고위직 공무원에게는 특별 사면이나 감형을 할 수 없게 법제화한다면 우리나라의 지도층 인사들은 정말 청렴해질 것이네. 모든 일에 방법이 없겠나 할 의지가 없는 것이지. 고위직의 비리를 별도로 수사하는 기관을 만들자는 이야기가 있는데 그것도 운용을 잘 해야지 높은 사람들이 빠져 나가려면 또 얼마든지 빠져나가는 것인데, 만드는 것이 중요한 것이 아니라 운용을 어떻게 하느냐 그것이 더 중요한 것이라네. 그러니 지도자의 마음 자세가 얼마나 중요하겠나.

세종대왕이 똑똑해서 나라가 안정된 것보다도 황희나 맹사성 같은 재상을 알아보는 안목이 있었다는 것을 알아야 하네. 그 시대에는 청렴하게 사는 것이 자랑인 세월이었지. 지도자의 마음이 그렇게 중요한 것이야.

물론 공직자의 인품도 정말 중요하다네. 인품을 알아보는 방법은 상하좌우의 사람들에게 인망을 얻고 있느냐를 보면 된다네. 어느 수장을 선택할 시 주변 인물을 탐색하고 또 반대급부에 있는 사람들을 조사해 보면 바로 알 수 있는 것을 추천하는 사람 말만 듣다 보니 제대로 된 사람을 고를 수 없는 것이지. 적어도 몇몇 친구를 보면 인물이 대충 그려지는 것 아니겠나.

전 정권에서 장관을 하던 한 사람이 있었네. 그 사람은 지역사회에서는 탐욕스러웠고 욕을 많이 먹고 있는 인물이었네. 그런데 어느 날 개각 때 장관후보가 되었고 결국 장관으로 임명되었지. 지역사회에서는 권력에 얼마나 아부를 하였으면 그런 인간이 장관이 되었나 하고 자조적인 말이 있었어. 그 지역 사람들은 정부를 믿지 못했고 불신이 심했었어.

지도자는 일을 스스로 잘하는 것보다도 일을 잘할 사람을 선택하는 안목이 더 중요하다네. 잘하는지 못하는지 감시만 제대로 할 줄 알면 되는 것이야. 안목도 없고 감시도 못 하고 자기만 잘났다고 외치니 나라가 제대로 되겠는가. 자기 할 일도 제대로 알지 못하는 한심한 사람들이 윗자리에 앉아 권력을 부리니 한심한 나라가 될 수밖에.

권력과 돈이 결합하면 반드시 폐단이 생기는 사소한 이치를 너무 모르거나 방조한 결과로 나타난 것이지. 그래서 항상 지도자는 정신 차리고 사람을 잘 골라서 써야 해.

인재를 고르는 것도 항상 같은 방식으로 인재를 보면 안 된다네. 어려운 시기냐 평상시냐 초창기냐 성장하는 시기냐 후퇴하는 시기냐 등 시대상황을 판단하여 사람을 골라 써야 성공하는 것이야. 평상시에 야전군사령관 같은 밀어붙이기식의 저돌적인 사람을 쓴다면 원망이 생겨 실패할 것이네. 그런 시기에는 다른 사람의 말을 들어주고 해결하는 합리적인 사람이 필요할 것 아니겠나. 그러나 전시에는 이론적인 생각보다는 상황판단이 빠르고 상대방을 정확하게 읽어내는 능력이 더 필요한 것이네. 옳고 그르다의 판단은 그 후의 일이 되는 것이지. 예를 들어 노동문제 같은 것은 노사가 첨예하게 다투는 문제가 아닌가. 한쪽 편을 들다가는 나라는 둘로 갈라져서 항상 시끄러울 것이야. 그런데 역대 정권에서 노동문제에 실패한 것은 너무 빨리 일을 해결하려는 조급증이 화를 부른 것이네. 장관만 하면 단번에 해결할 것처럼 서두르는 것이지. 그런 형국에는 노사의 이야기를 충분히 듣고 서로 양보하지 않으면 해결할 수 없는 일이기에 인내심 많은 전략가가 좋은 것이야. 옛날 전쟁에서도 허허실실 작전과 같이 인내심을 요구하는 작전이 많이 있었다네.

현 제도하에서도 지도자가 하려고만 한다면 몇 개월 되지 않아 나라의 비리는 대부분 사라질 것이네. 일시적으로는 혼란스럽더라도 밀어붙이면 비리가 이곳저곳에서 터져 나올 것이고 그 후 나라는 제대로 돌아갈 것이야. 그렇게 몇 년 지나보면 어느 나라보다 월등한 경쟁력이 생길 것으로 보네. 무슨 일이든 결국은 사람이 하는 일이야. 사람은 재주가 모두 달라서 잘하는 일과 못하는 일이 있다네. 약삭빠르고 행동이 민첩한 사람은 다른 사람 밑에서 일을 처리하는 작은 일을 잘 할 것이고, 묵직한 사람은 지도나 판단을 잘하고, 용맹하거나 과감한 사람은 군인의 길이 좋을 것이고, 얼굴이 잘나거나 말이 예쁜 사람은 연예인이 되면 좋을 것 아닌가. 그렇게 사람은 모두 재주가 다르다네. 지도자는 그런 사람들을 알아보는 안목이 뛰어나야 되는데 우리나라 지도자들은 자기에게 아부하는 사람이나 아는 사람 중에서만 인재를 찾으려고 하더란 말이야. 선거를 적극적으로 도와준 사람 위주로 사람을 쓰다 보니 그 사람의 진면목을 알지 못하는 것이지. 선거를 도와준 사람 대부분이 출세를 위한 과정으로 생각하는 사람들 아닌가. 지금까지 살아오면서 널리 인재를 구하여 일을 맡기는 지도자는 보질 못했어. 설령 제대로 인재를 등용했다 하더라도 정치적 견해가 다르고 논리적으로 자기 의견과 맞지 않는다고 내치는 경우도 많이 보아 오지 않았나. 모두 자기 사람 심기에 바쁘고 보은성 인사에 바쁘고 아는 사람 친한 사람 심어주기에 바쁘니 인재가 눈에 들어오기나 하겠나. 찾아보면 적재적소에 뛰어난 능력이 있는 사람이 생각보다 많은데 말이야.

사실 간단하게 일을 잘하는지 알아보려면 여러 사람 앞에서 질문

답변하는 시간을 만들어 인품을 알아보면 빠르게 알아볼 수 있네. 그러면 실력이 있는지 소신이 있는지 정확하게 업무는 알고 있는지 어느 정도 파악은 할 수 있는 것 아니겠나. 최근에도 각 부처 업무보고나 국회에서의 질문 답변을 들어보면 얼마나 한심한 부처 수장이나 국회의원들이 많은지 알 수 있지 않나.

춘추시대에 관포지교라는 말이 있지. 제나라 때 포숙아와 관중은 서로 친한 친구 사이였는데, 왕자 중에 한 사람씩 맡아 가르치는 선생이 되었지. 수년 뒤 제나라에 왕의 자리가 비고 궁을 차지하기 위한 촌각을 다투는 시기에 포숙아와 관중이 오는 도중 마주치게 되었네. 그때 관중이 쏜 화살이 포숙아가 모신 왕자의 어깨를 맞혔지만 포숙은 궁에 먼저 도착하여 자기가 모신 왕자가 왕이 되었네. 그 왕자가 유명한 제환공이 아닌가. 포숙은 제환공에게 관중을 시중에 추천하였네. 제환공이 자기를 화살로 쏜 사람이라고 거절하였으나 부국강병을 이룰 인물은 관중밖에 없다고 설득하여 다른 재상들의 반대가 있었지만 결국 관중이 시중이 되었네. 그 결과 제나라는 제일 먼저 오패왕이 되었지.

중앙정부나 지방이나 결국은 사람을 적재적소에 잘 써야 한다는 것이지. 일을 시켰으면 잘하는지 감시하고 잘못하면 벌하고 잘하면 상주고 그렇게 간단한 것이 지도자가 하는 일이야. 권력을 남용하고 돈이나 탐내고 자기 사람을 심어 비리나 저지르려고 하니 한심한 나라가 되는 것이지.

지도자는 사실 사람관리를 하는 자리야. 사람관리에만 몰두한다면 재미있게 세상을 살아갈 수 있으련만 그놈의 욕심 때문에 그만 망치고 마는 것이지.

지도자는 많은 생각을 하고 변화무쌍해야 세상을 지도할 수 있어. 다른 사람이 그 사람은 그런 사람이야라고 이미 판단을 내린다면 지도자감이 아닌 것이지. 지도자의 속마음은 정말 알 수 없는 사람이야라는 평가를 받아야 지도자감이지. 다른 사람에게 지도자의 속을 훤히 읽힌다면 지도자의 그릇이 못 돼. 속을 알 수 없는 사람, 그래야 세상의 모든 일에 지혜롭게 대처할 수 있을 뿐만 아니라 권위도 생기는 것이지. 그래서 지도자는 생각을 많이 하고 상황대처도 잘 해야 하고 사람도 잘 다루어야 하는 것이네. 지도자라는 사람이 참모진에게 끌려다니고 참모진에게 자기수를 읽히고 참모진에게 의지하려 든다면 그 사람은 지도자 자격이 없는 사람일세. 생각은 많이 하되 얼굴은 여유 있는 태도를 유지하고, 아는 것도 모르는 척, 모르는 것은 상대방에게 처음부터 정확하게 설명하게 하여 내 것으로 만들고, 참모진들이 생각하지 못하는 것도 곧잘 거론하여 참모진들을 긴장하게 만들고, 참모진들의 어려움은 내 일 같이 도와주고, 한번 믿었으면 끝까지 믿어주고, 반대세력을 만날 때는 말을 많이 들어주고, 질문을 할 때는 급소를 찌르고, 문제를 해결할 때는 시원하게 해결하고 이렇게 하는 것이 지도자가 해야 할 일이라네. 생각보다 쉬운 일이야. 해결도 하지 못하면서 골머리 싸맨다고 나라가 저절로 이끌어지는 것은 아닌 것이지. 저 양반은 알다가도 모를 양반이야란 말을 들으면 지도자감이지.

정신 차리고 살아야 해. 이러다간 나라가 힘들어.

강 공직자들도 부서에 따라서 허가나 인가 업무에 뇌물을 수수하고 공사금액의 일정 부분은 발주자에게 상납되고 이런 작은 것들이 습관처럼 되어있는데 이런 폐단을 일소할 방법은 없겠는지요.

변산노인 그것이야 간단한 것 아닌가. 윗사람이 청렴하면 아랫사람은 비리를 못할 것이네. 비리라는 것이 상하가 공모하여 서로 나누어 먹는 것이지 공직사회에서 혼자 먹기는 어려운 법이야. 요즘에는 돈을 주고 적어 놓고 약점을 이용하여 협박하는 세상이 아닌가. 윗사람이 혼탁하니 아랫사람도 관행적으로 혼탁해진 것이지.

건축허가를 예로 들자면 설계 시공 감리를 알음알음으로 모두 끼리끼리 서로 봐주면서 하고 있거든. 일정 규모 이상은 시군에서 시공하여 감리는 다른 시군에서 맡도록 하면 건축비리는 상당히 사라질 것으로 보네. 한 시군에 시공과 감리를 같이 하니까 항상 문제가 되는 것이지. 그러니 공무원들이 뇌물을 먹는 구조가 된 것이고. 봐주면서 서로 좋은 게 좋은 방식인지라 관행이 오래 지속된 것이지.

역대 최대의 하지 말아야 할 사업에 4대강 사업이 있었지 않나. 얼마의 정치적 계산을 하였는지는 몰라도 자연을 훼손하는 사업에 엄청난 자금을 동원하고 밀어붙이기식의 권력을 이용하였으니 말도 안 되는 사업이 된 것이지. 어마어마한 비리가 내재되어 있을 것이네. 물의 순환을 막는 자연에 역행하는 사업이었어. 그래도 당시 환경공무원들은 그 자료를 온전히 남기거나 저항했어야 옳은 일이었으나, 오히려 반대세력을 밀어붙이고 사업의 정당성을 홍보하는 데열을 올렸지. 보신주의의 극을 보여준 사례가 아닌가. 모두 역사의죄인이 된 것이야.

아직도 행정 곳곳에 인허가 과정에서 음성적 뇌물 수수가 관행처럼 자행되고 있는 곳이 많다네. 전혀 효과가 없는 사업을 제안하면서 예산만 수십억을 날리는 사업이 어디 한두 가지인가. 중앙이나 지방에서 그런 예산 낭비를 결재권자의 책임으로 돌려 단죄한다면 아무도 그런 사업은 하지 않을 것이네. 내 돈도 아니고 사업을 통하여 얼마간은 관행처럼 비리 자금이 들어오다 보니 서로 하려고 하는 것 아니겠나. 어떤 사업을 하든 관리자에게는 한 푼도 들어오는 돈이 없다고 가정하면 실질적 가치가 있는 사업 외엔 하려고 하지 않아야 맞는 말이지. 그래서 다른 기관의 직원에게 예산 결산 감사를 맡긴다면 공사를 위한 관행적인 공사는 못할 것이라는 이야기를 하는 것 아닌가.

최근에 지방 행정에서는 인허가 행정 전반에 걸쳐 선거 과정에서 도와준 보은 인사 때문에 항상 입에 오르내리고 있는데 그 문제도 사실은 다른 지방에서 감사를 한다면 비리는 사라질 것으로 보네.

인사비리도 종종 적발되고 있는데 지방의 구조상 모든 공직자가 대부분 선후배 사이이거나 친인척 관계가 많아 진급 및 인사문제에 비리가 많을 수밖에 없는 구조일세. 이것 또한 역사시험 인성검사 직무능력 등을 종합하여 시험을 관장하는 선발기관을 별도로 두고 인사를 공급한다면 봐주기식 인사 비리는 없어질 것이네. 진급을 잘 못시키면 조직의 화합에도 영향을 미칠 뿐만 아니라 또 다른 비리가 양산되는 것 아닌가.

그리고 제도적으로 비리가 포착되면 곧 파면 조치하고 임명직으로 전환하는 제도가 필요하네. 지방 행정에서 조사다 재판이다 일 년 이상 소요되다 보니 지방행정이 잘 돌아가지 않는 사례가 많다네. 도나 중앙정부에서 조사위원회를 즉시 소집하여 비리가 입건된다면 재판은 진행하되 직은 수행하지 못하도록 파면하는 제도를 도입하여야 하네. 지방정부의 행정공백도 메우고 비리를 저지르지 못하게 하는 효과도 있는 것 아니겠나. 현행제도는 비리를 저질러도 계속 결재권을 행사하니까 또 다른 문제가 발생하는 것이지.

또 지방에서는 선심성 예산 낭비가 도를 넘어서고 있는 실정이야. 과거 많은 시장 군수가 비리에 연루되어 직을 잃고 지방 행정을 마비시켰지 않았나. 이 모두가 관행처럼 되어온 업자와의 결탁 아닌가. 공사대금의 일부분은 주고받는 관행이 당연시되었으니 얼마나 큰 문제인가. 이런 관행 때문에 해서는 안 되는 실속이 전혀 없는 무의미한 공사로 인한 재정 낭비가 아마 수천억은 족히 될걸. 이러한 공사는 주민에게 필요한 것이냐 수익사업이 되느냐를 실사를 통해 예산 낭비가 밝혀지면 발주자가 변상하는 제도를 도입하여야 근절될 걸세. 그렇지 않으면 이런 관행은 선거가 계속되는 한 이어질 것이야. 선거비용을 충당해야 하는 후보자 입장에서는 그런 방법밖에 비용을 충당할 길이 없거든. 비리도 수요에 의하여 창출된다고 봐야지.

하기는 요즘 사람들은 너무도 똑똑해서 문제야. 모두 대학 졸업에 유학에 학력 우선 시대 아닌가. 그들이 결국 나쁜 사리사욕을 채우려 비리에 눈이 먼저 떠졌고 비리에 비리를 저지르니 이제는 비리를 저지르고도 잘못을 인정하기는커녕 변명하기에 바쁜 도덕적으로 회복하기 어려운 세상이 된 것이지. 판을 바로 잡으려면 원리원칙을 준수하고 법을 제대로 집행할 수 있는 지도자가 나와 아픔을 감내하고 희생을 치르더라도 나라를 바르게 이끌어야 가능한 일이야.

앞뒤 재지 않고 바른길밖에 모르는 우직한 양심가가 지도자가 되어야 하는데 가능할지 모르겠어. 현실적으로 보면 양심 있는 지도자를 보기 힘들고 청렴한 공직자도 없어. 돈과 권력에 눈이 먼 세상이 된 것이지. 각종 고시에 합격한 똑똑한 사람들이 돈에 팔려가서 일개 그룹의 하인이 되질 않나, 돈만 많이 준다면 무슨 짓이든 저지르는 변호사들이 어디 한두 명인가. 법을 다루는 사람들이 그들과 한통속이 되어 나라를 어지럽히고 있을 뿐만 아니고 출세를 위하여 정치인과 결합하여 권력을 탐하고 그런 것들이 이제는 도덕적으로 문제가 되지 않는 세상이 된 것이지. 변호사들도 비리를 덮거나 죄를 감추는 변호사라면 그에 상응하는 처벌을 해야 해. 도덕적으로 너무 지나친 변호사들은 사회에서 도태시키든가. 변호사 자격증을 박탈하거나 말이야.

하루 세끼 밥 먹고 사는 것은 모두 같은데 왜 그렇게들 사는지 앞으로의 나라가 걱정이야. 그렇게 탐욕스러운 결과는 모두의 불행뿐이라는 것을 어찌 그렇게 모르고 사는지.

정 아무리 혼탁하더라도 나라는 돌아가야 하는데 그래도 나라가 나라답게 돌아갈 수 있는 길은 찾아야 할 것 같은데요.

변산노인 앞에서도 언급했지만 먼저 법을 세우고, 비리를 저지르지 못하게 교차근무 및 감사를 실시한다면 대부분의 비리는 사라질 것으로 생각하네. 그래도 혼탁하다면 그것은 제도가 정립되지 않았거나 바르게 실시를 하지 않은 것이겠지.

인사비리는 처음부터 임용시험이나 진급시험에서 역사의 해석 인성에 큰 가점을 주어 면접관의 주관이 함부로 개입되지 못하게 답안지를 제출받아 인사를 선별한다면 대부분 비리는 사라질 것으로 보네. 한 가지 더 너무 깨끗하거나 원리원칙을 고수한다면 조직사회가 활력이 떨어질 것이네. 따라서 공직사회가 활력을 가질 수 있도록 청렴공직자 표창제도를 적극 활용하면 좋을 것 같으이. 공직 내부에서 추천하는 것이 아니라 시민 단체나 언론인 국민들의 추천을 받아 청렴공직자를 찾는 것이지.

현 표창은 돌아가면서 표창하거나 윗사람 마음에 드는 사람을 표창하는 것으로 알고 있는데 표창에 권위가 하나도 없는 것 같아.

철저하게 시민이 뽑게 만들고 표창자는 국가의 축제 분위기 속에서 특진을 시키고 공직자의 모범을 보이는 것이지. 조선시대의 장원급제같이 말이야.

강 앞으로의 세상은 과학기술이 비약적으로 발전하는 세상인데 역사 인성만 보고 사람을 채용할 수는 없는 것 아닙니까.

변산노인 물론 그렇지. 인재를 채용하는 방식을 역사인식이나 인성만을 보자는 것은 아닐세. 그것을 기본으로 하고 과학적 직무능력을 보라는 이야기지. 국가에서 과학기술에 뛰어난 능력이 있는 사람을 육성하여 국가 경쟁력을 키워야 하는 것은 당연한 이야기야. 기술적 우위에 있는 경쟁력 있는 기업을 지원하는 것은 국가적 시책으로 국민의 먹거리와 밀접한 관계가 있는 것이니만큼 과감한 투자를 해야지. 단지 내가 기금까지 이야기한 것은 공직자나 국가 차원의 비리를 막자는 의미에서 말했던 것이야.

법을 세우고 교육을 하고 사람을 채용하고 그런 비리를 막아야 한다는 큰 틀을 이야기 한 것이네.

과학기술 이야기가 나왔으니 국가 경쟁력을 키우는 과제를 잘 선정하여 적극적으로 예산 지원이나 기술개발 분야에 투자하여야 하네. 과학기술 분야에선 서양의 첨단기술을 공부한 사람들을 철저한 검증을 거쳐 국가적 인재로 키워야 하네. 그들이 창의성을 적극 발휘하여 자유롭게 연구할 수 있도록 국가적인 지원이 필요한 것이야. 서양에서 공부한 사람들을 그렇게 좋아하는 사람은 아니지만 과학기술분야의 인재는 국가에서 키워야 한다고 생각하네.

과학기술기금으로 각 대학이나 연구기관에 지원을 해주고 논문 몇 편 제출하면 그만인 가치 없는 투자, 한마디로 예산만 따먹는 관행적 예산지원은 개선해야 하네. 지원은 해주되 결과가 확실하지 못한 부분은 심사를 통하여 더 이상은 지원을 해주지 않는 방식이어야 하고 그것은 투명하게 공개하는 방식이어야 하네. 일부 극비 진행사항이라면 모르되 대부분 공개하여 예산만 낭비하는 사례는 없어야 하지 않겠나. 과학기술 분야의 예산 투명성도 문제가 많은 사안이라고 생각하는데 그렇지 않은가.

미래의 먹거리 개발 차원에서 우리나라만 가지고 있는 최첨단 기술을 개발하여 확보하여 놓는 것이야말로 과학기술 분야의 사람들이 해야 하는 임무일세. 요즘 흔한 말로 아이티 아이티 하는데 우리만의 것이 별로 없는 것 같더군. 우리만의 것으로 어느 나라도 넘보지 못하는 기술이 국가적 차원에서 개발되어야 한다는 것이야. 정치가나 지도자는 이것 또한 명심하여 국가경쟁력을 키워야 하네.

기술을 개발하고 이익을 창출하는 방식으로는 유망 기업체를 적극 지원하는 방식이 훨씬 효과적일 것이야. 그것은 당장 수익으로 증명을 할 수 있지 않은가. 고도의 원천기술을 확보한 기업체를 선정하여 연구인력과 예산을 지원해 준다면 기업의 기술축적에도 도움이 될 뿐만 아니라 국익에도 크게 기여할 것이네.

　국방기술도 그렇지. 핵 개발이다 미사일이다 야단들이지만 그것에 대응하는 기술들이 속속 개발되고 있지 않은가. 우리는 그런 기술을 가지려고 엄청난 예산을 투자할 것이 아니라, 작지만 치명적인 것, 그런 무기를 개발한다면 핵이나 미사일보다도 더 유용하게 대응하는 수단이 될 것일세.

　전에도 말했지만 어떤 신호를 그 지역에 보내면 그 지역 특정 사람들을 아무도 모르게 살상하는 것, 아니면 테러범들을 소탕하는 전쟁을 하지 말고 그 지역 특정한 사람을 겨냥 그 사람은 흔적도 없이 사라지게 한다면 많은 희생 없이 필요한 것만 타격하는 것 아닌가. 그것은 가능하리라고 생각하네. 우리를 지키기 위하여 그런 무기 하나쯤은 개발하는 것은 필요할 것일세.

　기자 말씀 듣다 보니 정말 획기적인 개발이 되겠는데요.
　변산노인 과학기술을 접목한 국방기술의 개발 차원에서 발상의 전환이 필요한 시점이야. 우리나라가 다른 나라의 안보 그늘에서 안주만 할 수 없지 않은가. 그리고 주변국들의 눈치만 살피며 국민을 보호하고 국가를 영위할 수만은 없지 않은가. 지도자가 심각하게 생각해야 하는 부분이야.

　다른 나라에서 핵이나 최첨단무기 분야에 치중할 때 우리는 아무도 모르게 개발을 시작한다면 다른 나라에서도 크게 경계는 하지 않을 것이네. 정치 싸움에 세월 보내지 말고 대기업의 논리에 끌려가지 말고 법이라는 허공에 감금당하지 말고 국민의 안전을 확실하게 담보하는 무기체계도 필요한 것 아니겠나. 이제는 그런 곳에 눈을 돌려야 해. 적은 비용으로 가장 확실한 효과를 내는 것이 무엇인지 고민해야지. 핵이다 화학무기다 이런 초대형 살상무기는 사실 개발하는 데 엄청난 비용이 들었지만 효용가치는 별로 없을 것이네. 핵무기 몇 개 개발해서 전 국민을 죽이려고 들지 않는다면 함부로 사용할 수가 없는 일 아닌가. 몇 배의 성능이 뛰어난 무기를 개발한 강대국들이 버티고 있는 한 전면전은 불가능한 이야기네. 경제고 국방이고 각국이 서로 얽혀 있으니 핵무기를 사용해서 죽는 일은 없을 것이네. 이제 와서 핵무기를 가진들 무슨 소용이 있겠는가. 핵무기를 독자적으로 개발했다고 하더라도 더 뛰어난 무기체계를 가지고 있는 강대국을 상대하기에는 역부족이라네. 그들을 따라가기 위하여 너무 많은 힘을 쏟는다면 그들은 가만히 앉아서 우리를 지켜보고만 있겠는가. 어떤 수단을 동원하여서라도 포기하도록 할 것이며 그 과정에서 국민만 힘들어지는 것이지.

정 그래서 우리만의 독자적 무기를 개발해야 한다는 것이군요.

변산노인 그렇지. 언제까지 강대국의 논리대로 우리국민을 내몰 수는 없는 일 아닌가. 우리 한반도는 지리적으로 러시아가 위에서

웅크려 있고, 중국이 과거에서부터 현재까지 우리를 끊임없이 이기려고 전쟁과 협박 친선을 수도 없이 되풀이하면서 견제하였고, 일본은 우리나라로부터 문물을 전달받았으면서도 그 은혜를 배사하면서 호시탐탐 노리고 있는 여우 같은 짓을 천년이 넘게 자행하였고, 미국은 우리를 돕는다는 명분하에 러시아와 중국을 견제하려고 하는 것 아닌가.

우리나라의 입장에서 보면 주변국들이 우리의 적이나 마찬가지야. 우리에게 호의적인 나라는 없다는 것이지. 어떻게 해서든 상대국을 견제하고 이용하고 약점을 확보하여 국익을 도모하기에 여념이 없는 형국이란 말이야. 물론 우리나라의 지도자들이 잘못 나라를 다스려 힘없는 나라를 만들었으니 주변국들이 우리를 가만 놔두지 않는 것은 어쩌면 당연한 일인지도 몰라. 우리나라의 의견은 무시한 채 자기들의 주장으로 일제의 식민지도 있었고 전쟁 이후 분단이 되었지 않은가. 그 와중에 우리민족의 희생은 얼마나 컸는가 말이야. 몇백만이 이름도 모르는 곳에서 죽었고 지금까지도 사상이 대립하여 남북을 넘어 좌파다 종북이다 영호남이 싸우는 지경까지 이르지 않았나. 그 시발점은 조선말 지도자들이 단결하지 않고 국력을 키우지 않은 결과 아닌가.

그것을 거꾸로 우리가 국력이 주변국을 능가한다면 지리적으로 유리한 고지에 오를 수도 있단 이야기지.

주변국과 경쟁하지 않으면서 우리만의 그 무엇을 우리가 확보한다면 주변국들은 우리의 진정한 우방국이 될 것이네. 서로 경쟁적으로 우리에게 외교사절을 보내게 될 것이고 우리의 의견에 이의를 제기하지 않고 따를 것이니. 그러니 그 무엇인가를 우리는 반드시 확보하여야 할 것이야.

우리 민족은 세계 어느 나라보다 정신과 육체가 뛰어난 민족 아닌가. 우리 손으로 그 무엇인가를 달성하리라고 보네. 그렇게 해야 안보를 담보할 수 있고 국민이 편하게 살 수 있을 것이네.

강 현실적으로 우리나라는 주변국들에 비하여 국력이 약한 입장에서 주변국들이 우리나라가 강하게 되는 것을 원치 않을 텐데요.

변산노인 당연하지. 잘되기를 원했다면 지구상에 유일 분단국으로 남겨 놓았겠는가. 말로만 우방이다 혈맹이다 하지만 그들의 국익에 도움이 되지 않을 때는 즉각적으로 반응하며 꼭 어린애들 같이 행동하지 않는가. 일본은 아직까지도 역사를 청산하지 않고 잘못을 감추기에 급급한 것을 보면 일본은 확실히 도의에 벗어난 국가야. 정치인 지도자들이 정신 차리고 나라를 이끌어야 하네. 지금 권력이나 탐하고 재산이나 모으는 시대가 아닌 것을 깊이 명심해야 하는데……

8. 한반도의 미래는 어떻게 될까요

　해가 바뀌어 한반도 상황이 예측 불허 혼돈의 시간 속으로 빠진 것 같은 착각이 들 만큼 혼란스러운 뉴스들이 흘러넘치고 있을 때쯤, 기자는 선배 언론인 한 명과 집권당 소속 전직 국회의원 김아무개를 대동하고 변산노인을 찾았다.

기자 어르신 계세요.

변산노인 누구신가. 아니 기자양반이 오늘은 어쩐 일이여. 날씨도 쌀쌀한데 손님까지 대동하고 왔구먼.

기자 제가 오면서 먼젓번 식당에 예약을 해두고 왔습니다. 식사를 하시며 말씀하시지요.

변산노인은 채비를 하고 나와 한적한 식당에 들어서자 먼저 수인사가 있었다.

김 저는 김아무개입니다. 기자한테 어르신 말씀 많이 들었습니다. 많이 가르쳐 주십시오.

용 저는 진방송의 용아무개 기자입니다. 김기자에게 어르신 말씀을 듣고 한번 뵙고 싶었습니다. 반갑습니다.

변산노인 만나게 되어 반갑습니다. 두 분 모두 유명하신 분들이신데 시골 농토쟁이인 나에게 무슨 들을 말이 있다고 이 먼데까지 오셨습니까. 저는 그냥 세상이야기나 하자고 기자와 대면한 것인데 여러 사람과 인사를 나누게 되네요.

김 김기자에게 그동안 하신 말씀을 듣고 한번 뵙고 싶었습니다. 속빈 저에게 고견을 들려주시지요. 그리고 저희들이 한참 후학이니 말씀을 편하게 하시지요.

용 저도 사실은 권력이 무서워 본의 아니게 입을 닫고 침묵한 세월이 있었습니다. 부끄럽습니다. 많이 가르쳐 주십시오.

변산노인 요즘 말로 번데기 앞에서 주름잡는다는 말이 있지요. 내가 바로 그런 사람이 아닐까 두렵습니다.

기자 두 분 모두 우리나라의 미래에 대하여 걱정이 많은 분들입니다.

변산노인 두 사람은 세상 경험도 나보다 많고 학식이 뛰어난데 무슨 궁금한 점이 있으신가요.

김 편히 말씀하시지요. 저희들도 어르신과 잘 지내며 많이 배우고 싶습니다. 사실 요즘 한반도 주변이 너무 풍전등화와 같은 형국이라 국민도 불안하고 한반도의 미래가 어떻게 될지 정말 궁금합니다.

용 저도 20년 넘게 언론인으로 살아왔지만 요즘처럼 불확실한 시간이 없었습니다. 미국의 국익 우선 정책으로 혼선이 많이 일어나고 있고 북핵 위협이다 미중 무역전쟁이다 비핵화 협상이다 경제제재다 정신없이 흘러가니 종잡을 수가 없는 시간입니다. 어르신의 생각은 어떠신지 듣고 싶습니다.

변산노인 내 언젠가 기자양반한테는 이야기를 한 것 같은데 한반도는 그렇게 쉽게 정리하거나 쉽게 해결하려고 한다면 어림도 없는 곳이라네. 결론을 말하자면 특히 미국의 입장에서 일방적으로 한반도 문제를 힘으로 밀어붙이려고 한다면 결코 미국의 의도대로 진행되지 않을 것이고, 중국도 마찬가지네. 중국이 힘만 믿고 국익을 내세워 자기주장을 한다면 그것도 결코 중국 의견대로 진행되지는 않을 것이네. 일본이나 북한도 마찬가지야. 북한이 아무리 핵을 가지고 위협하고 옹알이를 하여도 북한의 생각대로 한반도가 움직이지 않을 것이란 말이지. 그러니 너무 걱정하지 않아도 된다는 이야기를 하는 것이네. 전에도 말했지만 우리나라는 중심이 흔들리지 말고 조급하지도 말고 공을 내세우지도 말고 각국의 의견을 듣고 어찌되었던 전쟁은 없애야 한다는 것만 강조하면 저절로 풀릴 것이야.

지정학적으로 우리나라는 세상의 중심에 있기 때문에 어느 나라도 어느 누구도 함부로 할 수 없다네. 풍수지리적으로 우리나라는 그렇게 되어있네. 나는 현대학문을 배우지는 못했지만 과거 조상들이 이론을 세웠던 풍수지리학은 과학적이라고 생각하는 사람이네. 현대의 사람들은 잘 믿지 않지만, 지구의 산맥 들 강 나무 돌 등을 살아있는 생물과 같이 체계적 학문적으로 다루고 있다는 것은 현대 사람들이 함부로 평가할 수 없는 학문이라고 생각하네. 신라말에 도선국사인 옥룡자께서 자연풍수를 주장하시며 중국의 이론풍수를 능가하는 이론체계를 정립해 놓으신 것 아닌가. 당시에 그의 스승인 당나라 일행선사가 한반도에 인물을 없애기 위해 술법을 부리고 있는 것을 간파한 옥룡자께서 한라산에 올라가 물방울이 한 방울 떨어질 때마다 중국의 인물을 제거하는 장치를 만들어 놓았다네. 이를 알아차린 일행선사는 옥룡자를 찾아 헤맸지만 찾지 못하고 말았네. 옥룡자께서는 호수 속에서 대나무로 숨을 쉬고 있었던 것이지. 나중에 풀어주기는 하였지만 일행선사도 그 후 인물을 제거하는 술수를 부리지 못했다는 이야기가 전해져 오고 있다네. 사실 스승인 일행선사보다 뛰어났던 사람이 바로 옥룡자라는 분인데, 풍수지리라고 가볍게 볼 학문은 아니라는 이야기를 하는 것이네. 사실 풍수지리이론은 자연적이고 환경적이고 인간적이라네. 그것을 악용하고 장난치고 자기만 출세하려고 하니 그만 변질이 된 것은 안타까운 일이지만 모르는 사람들이 평가할 허황된 학문은 아니라고 생각하네.

그런 관점에서 본다면 한반도는 지구의 중심에 있다는 것이네. 그리고 천하의 길지라는 사실이야. 좌청룡 우백호 외청룡 외백호가 완벽하게 포장되어 있다네. 좌청룡은 일본이고 우청룡은 중국이고 외청룡은 아메리카 대륙이고 외백호는 곤륜산맥이 있고 북쪽의 현무 자리는 시베리아가 버티고 있는 완벽한 형국의 길지라네. 유럽은 머리 중동은 간 중국은 배 러시아는 등뼈 남북아메리카는 꼬리 부분이지. 배 밑에 있는 우리나라는 생식기가 분명하지 않나. 생식기는 중요한 부분이지만 서로 탐내는 자리이면서 냄새도 많이 나는 곳이라네. 길지를 어느 누가 함부로 하겠는가. 알고 나면 세상 돌아가는 형국이 어설프게나마 그려지는 것이라네. 주변에 아무리 강국이 있다 하더라도 함부로 우리를 범접하지 못할 것이네. 중요한 자리지만 냄새가 나다 보니 한반도를 중심으로 각국의 설왕설래가 빈번하게 일어나는 것이지.

아무리 길지라도 지도자들이 정신 차리지 못하고 주변 강국들을 잘못 다루면 국민은 불행해지고 어려움이 많을 것이네. 그러니 지도자들이 현명해야 해. 조금 옆으로 나갔는데 이해가 가는가.

김 예. 현 상황과 맞는 말씀이십니다. 그런데 나라의 운명도 풍수지리적으로 풀 수 있다고 생각하니 처음 접해보는 말씀이십니다. 미래도 풍수지리적으로 풀 수 있는 것인지 궁금합니다.

변산노인 나도 잘 알지는 못하네. 잘못 이야기하면 혹세무민하는 사람이라고 매도할 것이네. 그리고 현시대는 운명도 수시로 변화를 거듭하는 촌각의 시대야. 과거 춘추시대나 고려시대나 조선시대처럼 느릿느릿 흘러가는 시대가 아니라네. 과학의 발전만큼이나 세상의 변화도 빠르다 보니 인간이나 나라의 운명도 수시로 변한다네. 그런 시대니 만큼 정말 지도자는 시대를 잘 읽고 지혜롭게 대처해야지 경험도 없고 지혜도 없는 사람이 지도자가 된다면 아무리 우리나라처럼 길지라도 견뎌내기 어려운 것이네. 아둔한 사람이나 나라는 누구도 구제하지 못하는 법이지. 지도자가 세상을 읽지 못한다면 읽을 수 있는 사람을 쓰면 되는 것인데 아둔한 지도자는 그렇게도 못한다네. 꼭 자기와 같은 사람들을 고르게 되어있어. 그래서 나라의 흥망성쇠가 있고 인간사의 굴곡이 있는 것이지만 특히 우리나라는 지도자가 현명하지 못하면 국민이 불행하게 된다네.

과거에는 인간의 운명도 사주팔자대로 치면 대충 맞아 돌아갔지만 이 시대는 운명도 수시변이라 옛날 방식의 사주팔자는 맞지 않는다네. 쉬운 말로 팔자가 드세다고 사주에 나와 있는 여자가 현재는 돈도 잘 벌고 마음에 맞는 남자도 몇 번씩 골라가면서 잘살고 있지 않은가. 옛날에는 남편이 죽으면 수절하면서 모진 운명을 살았지만 현재는 수절하는 사람이 오히려 이상한 사람이 된 시절 아닌가. 그렇게 운명도 수시로 변한다는 것이지. 사람만큼이나 나라의 운명도 세상이 돌아가는 것도 빠르게 돌아간다네. 잘 살았던 민족이나 나라가 현재에는 후진국이고 후진국이 선진국이 되고 말이야.

용 저는 강대국들의 전쟁 위협과 핵무기 군비경쟁이 우리에게 미치는 영향이 지대하여 풍수지리로 현재의 상황을 풀기에는 한계가 있는 것 같은데 어르신의 의견은 어떠하신지요.

변산노인 풍수지리적으로 푼다는 것이 좋다는 이야기는 아닐세. 알아듣기 쉽게 설명을 하려니 풍수지리를 꺼낸 것이지. 그럼 어떻게 풀어볼까.

역사로 풀어보는 것은 어떠한가. 중국의 역사를 비교해 볼까. 중국은 자기들을 중화민족이라고 가장 먼저 내세우고 있는데 역사적으로 처음 대중화는 동이족 문화였고 다음 중국의 소중화가 대중화가 되었다네. 소중화가 성장하면서 우리민족은 작아졌고 대신 중국이 대중화가 된 것이지.

그런데 중심이라는 것은 가만히 있는 것이 아니라 움직인다네. 중국이 땅덩어리가 크다 보니 중심이 여러 번 이동하였네. 서경 북경

남경이 그것이네. 문화가 이동하고 경제가 이동하고 사람이 이동하면서 중심은 서서히 이동하는 것이라네. 영원한 대중화는 없다는 이야기지. 중국의 대중화는 명나라 말기에 서양으로 건너갔고 산업혁명 시대에는 유럽에 머물다 일 이차 세계대전 이후 미국으로 건너갔지. 미국의 대중화는 지금 어디에 있다고 보는가. 미국의 대중화는 이미 태평양을 건너 지구의 길지로 다시 회귀하고 있다네.

힘을 지나치게 써서 나라를 통치하면 내부적으로 큰 문제가 제기되고 분열하고 천재지변이 일어나고 아무리 큰나라라고 하더라도 소멸하는 것이라네. 역대로 진시황이 그렇고 수나라 당나라 원나라가 그렇고 우리나라로서는 고구려가 그렇고 신라가 그렇고 발해가 그렇다네. 미국과 중국도 마지막 힘 대결을 하는 형국이지만 세상이 그렇게 호락호락하게 되어간다던가.

기자 그러나 현재에는 한반도 위기설이 제기되고 강대국들이 서로 한반도 문제에 개입하면서 남북한뿐만 아니라 주변국들의 이해관계가 얽혀 쉽게 풀릴 것 같지는 않은데요.

변산노인 현실로 보면 그런 말을 하고도 남지. 그러나 지나간 역사를 보면 흘러가는 과정이 있다네. 백성의 원성을 사거나, 정복 전쟁을 자주 일으키거나, 다른 나라를 업신여기거나 인재를 홀대하거나 내부적으로 부도덕하거나 이런 일이 자주 벌어지면 나라의 근간이 흔들리면서 백성이 일어나거나 지역적 천재지변이 일어난다네.

역사의 흥망성쇠 뒤에는 인간이 인지하지 못하는 천재지변도 많이 일어났다는 점을 간과하여서는 아니 되네.

우리나라도 이 시절을 넘기기가 쉽지만은 않을 것이네. 과정이 복잡하면서도 시끄럽고 혼란스러운 시간은 지나가야 해결될 것이네.

이것은 역사에서 내가 스스로 터득한 국가의 흥망성쇠야. 믿는 사람도 있겠지만 전혀 믿지 않는 사람도 있을 것이니 그런 주장도 있구나 하고 넘어가게.

지구촌에는 6천년 동안 역사가 이어오면서 불가사의한 일들이 셀 수 없을 정도로 많이 나타났다네. 시간은 고정 없이 무한 흘러가며 변화하지 않는 듯하지만 변화하고 있는 것이 사람의 마음이고 세상일세. 때로는 옳은 것이 나중에는 옳지 않은 일이 되기도 하고 반대로도 되는 것이 세상이야.

육이오 때 시골의 어느 부잣집에 아들 둘이 있었네. 큰아들은 일찍 장가를 보냈는데 전쟁이 일어나는 바람에 자식도 두지 못하고 전쟁에 나가게 되고 결국 전사하고 말았네. 그런데 둘째 아들놈이 형수가 안 됐다고 생각했던지 형수에게 잘해주다가 그만 정이 들고 말았네. 그것을 안 아버지는 노발대발하여 아들놈과 며느리를 내치며 탄식하였네. 집안이 망하려니 이런 일이 벌어졌다고 근심이 가득하여 근근이 살고 있었지. 세월이 흘러 10년 뒤 노인도 늙어 기운이 없던 차에 아들놈과 며느리가 집안으로 들어오면서 아버지 잘못했다고 빌며 절을 하더란 말이지. 그리고는 손자인 듯 두 녀석에게 할 아버지에게 절해라 하더라네. 과거 화가 났던 생각은 간데없고 손자들을 바라보면서 잘 왔다고 손을 잡더라네. 그리고 노인은 생각했네. 형수와 생피를 붙은 저놈이 내 대를 이을지 누가 알았냐고 하면서 인생의 덧없음을 다시 깨달았다네.

어떤가 인생도 그러하고 나라도 그러하다네. 그것이 역사에서 배우는 지혜 아닌가. 그렇게 인간과 나라의 흥망성쇠도 변화무쌍하게 돌아가는 것이지. 인간의 삶도 대대손손 무한 잘 살 것 같지만 3대 넘기기가 쉽지 않고 나라의 흥망성쇠도 일백년, 2백년, 3백년, 4백년, 5백년, 팔백년, 일천년을 넘기기가 쉽지 않다네. 도덕과 애민이 있어야 하고 천재지변이 없어야 하는데 그리 쉽지가 않은 것이지.

지구촌 육천년 인간 역사 중에 지역적 아니면 대규모 천재지변 즉 홍수 가뭄 불 지진 화산 등이 끊임없이 일어났다네. 지금도 지구촌 어디에선가 화산 지진 홍수 등은 계속 일어나고 있지 않은가. 그리고 또 한 가지 인간이 모르고 있는 지구촌의 변화는 지금도 진행되고 있다네. 과학적이고 주기적이지만 인간이 학문으로 밝히지 않은 것들도 부지기수로 많다네. 지구 무게중심의 변동, 자기장의 변화, 지축의 변화, 내부온도의 변화, 빙하의 해빙, 우주의 변화 등등이 학문적으로 밝혀지지 않은 것들 아닌가. 그런 변화가 진행되고 있는 것을 알기는 한 것인가 모르겠네.

용 전혀 모르고 있었습니다. 그리고 현재의 많은 과학자는 과거의 과학을 답습하는 지식에는 관심이 많지만 새로운 방식의 과학이나 이론에는 한계점이 있고 사회적으로도 관심이 별로 없는 것 같습니다.

기자 저도 그런 것들은 처음 듣는 것인데 현재의 지구촌에 크게 영향을 미치고 있는 현상인가요.

변산노인 당연하지. 화산활동은 왜 일어나는가 하고 의문을 가진 일이 없단 말인가. 지구촌에 기상이변, 지진, 신종질병 등등 지금도 진행형인데도 과학자들이 구체적인 해답을 내놓지 못하더군. 물론 연구하는 사람들도 있지만 내가 생각하기에는 현재 정립된 이론에 묻혀 새로운 이론을 제기하는 사람은 많지 않더군. 그러나 나중에 발생하면 아 그래서 그랬구나 하고 밝혀지는 날이 있을 것이네.

김 어르신께서는 그런 현상을 알고 계신 듯한데 말씀해주실 수 없나요.

변산노인 대충 알기는 하지만 허무맹랑한 이야기라고 생각할 걸세.

기자 저희들에게 말씀해 주시면 안 되겠습니까.

변산노인 자네들부터 허무맹랑한 이야기라고 한다는 이야기지. 별로 하고 싶지는 않지만 그런 생각하는 사람도 있구나 하고 흘려넘기게.

자네들이 배운바 대로라면 지구의 변화에 대하여 지구과학이라고 한다지. 나는 잘 모르네. 학교교육은 국민학교도 제대로 배움이 없는 나로서는 잘 모르는 게 당연한 것 아닌가.

지구가 공전과 자전을 한다는 것은 알고 있지. 별들의 자기장으로 인하여 인력과 장력이 생기며 움직이는 것도 알고는 있겠지. 지구도 별이고 태양의 주위를 돌고 있다고 배우지 않았나. 그러면 태양은 가만히 있는데 지구만 태양 주위를 돌까. 태양이 돌지 않으면 지구도 돌지 않을 것이네. 지구는 태양을 따라 돌고 있는 것이니 태양 또한 어딘가를 향하여 돌고 있다는 증거 아닌가. 그 자리에서 돌고 있으니 태양이 멈춰있는 것 같지만 태양 또한 지구처럼 쉼 없이 돌고 있다네. 태양이 돌고 있다는 것은 또 다른 태양계가 존재하는 것을 의미한다네. 태양이 한 개라면 또 다른 태양계가 존재하지 않기 때문에 스스로 돌 수 없는 것이지. 그렇다면 태양계는 몇 개가 있는 것인가. 우주의 체를 완성하려면 육을 채워야 구성이 가능하다네. 따라서 태양계가 존재하려면 여섯 개의 태양계가 존재하여야 하나의 우주를 형성하는 것이지. 이해가 가는가.

기자 처음 듣는 말씀이라 전혀 이해가 가지 않는데요.

변산노인 내가 서두에 뭐라고 하였는가. 허무맹랑한 이야기라고 한다지 않았는가.

용 저도 처음 듣지만 현재의 과학 지식으로는 생소한 말씀입니다.

김 사실 전혀 모르는 분야이긴 하지만 말씀하시면 새겨 듣겠습니다.

변산노인 우주뿐만이 아니라 인간의 완성도 6명이 한 체를 구성한다네. 더 쉽게 표현하자면 우리 얼굴을 보게. 앞 뒤 상 하 좌 우 이렇게 6면체로 되어있네. 6면이 있어야 구멍 난 곳 없이 한 체가 완성되는 것이지. 그것은 자연의 법칙이야. 우주도 그렇게 구성되었다는 것이지. 그러나 다른 사람이 말도 안 되는 소리다 증거가 있느냐 과학적으로 그것이 검증된 것이냐 하고 말들을 하면 그것은 존재하는 것을 증명하라는 이야기와 같아 설명하기 어렵다네. 현대에 살고 있는 많은 사람들이 과학적으로 증명을 하지 못하면 인정하지 않는 경향이 많아. 그러다 보니 학문적으로 증명하기 난해한 그러나 존재하는 것들은 발전이 없는 것이야. 시간적으로 무수히 흘러가야만 알 수 있는 우주 문제는 더욱 인간들이 믿으려 들지 않고 있어. 그러다 보니 사실을 이야기하여도 불신하곤 하지. 학자 중에서도 각기 다른 주장을 하고 있는데 문제점들도 많다는 것을 알아야 하네. 근본적이고 지구촌에 없는 이야기들이 있는데 이해할 수도 없고 이해하려고도 하지 않을 것이네.

따라서 우주의 별들도 인력과 중력에 의하여 끊임없이 움직이고 있으며 지구 또한 끊임없이 움직이고 있다네. 우주나 태양이나 정원형이라면 죽어 있는 것과 같이 움직이지 않고 모든 생명이 존재하지 않을 테지만 지구도 약간은 타원형이면서 타원으로 태양 주변을 돌고 있다네. 약간은 변화하면서 움직인다는 이야기지. 물론 주기가 어마어마하게 다르니 몇 수백억을 지나야 한 바퀴 도는 것도 있고 한 달에 한 번 도는 것도 있고 별에 따라서 현저히 다르다네. 태양으로부터 멀리 있을 때 가까이 있을 때가 존재하는 것이지. 그래서 지구 내부의 압력이 변하고 무게중심이 변하고 지축이 움직이고 그런 운동으로 인하여 화산과 지진 활동이 주기적으로 생기고 지구의 모습 즉 육지와 바다가 이동하고 기후 변동이 생기고 변화가 있는 것이지. 현대의 과학자들이 잘못 짚은 것은 지구온난화로 인하여 기상이변이 생기고 빙하가 녹는다고 생각하는데 그것도 지구의 변화하는 모습이라네. 과거에 사하라 사막이 울창한 숲이었다는 것을 생각하면 지구는 느린 것 같지만 변화무쌍하게 서서히 움직이면서 가고 있는 것이지. 그런데 지구에 사는 우리는 지구의 전반기에는 살지 못했으니 그때의 변화를 모르는 것이지 그때도 계속 움직이고 변화가 있었다는 것이야. 그때의 변화를 모르고 있으니 지구의 운동에 대하여 사실이 아닌 각자의 이론을 내세우다 보니 억지 주장이 판을 치는 세상이 된 것이지. 지구의 일 년은 십이만구천육백년인데 인간이 지구상에 산 역사는 고작 이삼만년이고 기록으로 남긴 역사는 불과 육천년이라고 생각하면 어떤가. 우리가 모르는 지구 운동이 얼마나 많을 것인가 하고 의문이 들지 않는가. 석회암지대가 산에 존재한다면 과거 어느 세월에는 바다 밑 해저였다는 것이고 소금이 산에서 난다면 그 또한 과거 어느 땐 바다였으며 그 바다가 말라서 소금이 되었고 그 소금덩어리가 모진 지각변동에 의하여 산이 되었다는 증거 아닌가. 그리고 산맥의 암석층이 휘어지거나 단절되어 있고 전혀 다른 층을 형성하면서 한곳에 아름다운 지층이 존재하기도 하는데, 얼마나 왕성한 지구 운동을 했는지 불가사의한 일 아닌가. 사막이 초원이 되고 초원이 사막이 되고 열대가 한대가 되고 한대가 열대우림지역이 되고 홍수 지역이 건기 지역이 되고 대륙이 이동하고 또 떨어지고 화산과 지진이 일어나고 북극과 남극이 이동하고 그렇게 쉼 없이 지구는 움직이고 있는 것이라네.

그런데 좀 돌아왔지만 전에 말한 것을 떠올려 보게. 미국이나 중국이나 북한이나 일본이나 러시아가 아무리 주장하고 해결하려고 해도 자기들 입맛대로는 해결이 될 수가 없다네. 미국이 힘의 논리로 중국이 아무리 자국의 이익에 맞게 우리나라를 해결하려고 해도, 일본이 우리와 각을 세우고 36년의 죄를 덮기 위해 안간힘을 쓴다고 그들 마음대로는 안 되는 것이니 크게 걱정하지 말고 세상 돌아가는 대로 지켜보세나.

북한 정권이 들어선 이후 그렇게 북한이 눈엣가시 같이 도발을 했어도 결국은 미국의 입맛대로 해결은 하지 못했네. 그런데 미국은 북한을 견제하며 무력은 사용하지 못하고 있으면서도 중동에서는 국지전이 지속되고 있는 것은 묘한 것 아닌가. 지속적으로 중동이 시끄럽고 소요가 일어나고 있으나 우리나라는 약간의 잡음은 있었어도 묘하게도 누구도 넘보지 못하는 형국 아닌가. 우리나라가 그만큼 지구의 중심이며 길지이기 때문이라네. 또 하고 싶은 말이 있으면 해 보게.

기자 저는 지구의 변화에 대하여 학교 교육을 받지 못하신 어르신께서 어떻게 그렇게 자세히 알고 계시는지 궁금합니다.

변산노인 그것은 물리적인 안목이네. 사람의 마음도 사회도 국가의 운명도 지구도 우주도 항상 변화하고 있다는 것을 전제하면 알 수 있는 일 아니겠나. 언제나 영원히 변하지 않는다는 것은 사실 거짓말이네. 자연의 이치에 맞지 않는 것이지. 변하지 않았다면 지구상에 그 많은 흥망성쇠가 어디에서 왔단 말인가. 인간의 부귀영화가 어디에서 온다는 것인가. 그 변화의 근본은 바로 태극이론이라네. 우리나라 태극기 원을 보면 한쪽이 흥하면 한쪽은 기울고 한쪽이 시작하면 한쪽은 소멸하고 그렇게 움직이는 것이 태극이론이라네. 그것은 음양의 이치와도 같은 것이지. 음과 양은 서로 당기기도 하지만 밀어내기도 하면서 조화가 일어나고 또 다른 생명이 태어나기도 하는 것이지. 우주나 지구나 인간이나 속으로 들어가 보면 음양의 움직임으로 인하여 변화가 일어나는 것이지. 요즘 과학에서는 양전자 음전자라고 하여 음양의 근본 이치를 잘 설명하고 있더군. 사실 서양의 양전자 음전자라는 과학은 동양의 태극이론에서 따온 것이야. 서양의 산업혁명 당시 동양과 무역을 하면서 동양의 이론을 과학에 적용하기 시작한 것이지. 동양에서는 음양의 이치를 오래전부터 설명하고 수많은 이론을 내놓았다네. 유학자들이 내놓은 많은 유교 서적들이 자연의 이치, 천지의 돌아가는 이치, 인간의 심성에 대하여 이론들을 내놓지 않았는가. 음양은 서로 당기고 밀치며 변화하고 성장하고 분열하고 그리고 소멸하고 또 태어나고 그렇게 움직이는 이치라네. 그것을 과학적으로 잘 이용한 것이 요즘 컴퓨터 아닌가. 한글도 음양의 조화로 태어났으니 컴퓨터와는 아주 잘 맞는 것이고.

김 어르신께서 말씀하신 음양의 이론과 지구의 변화와 우리나라의 지금의 상황과 어떤 연관이 있는지요.

변산노인 당연히 상관이 있지. 무엇이든지 극에 차면 다시 태어나는 것 아닌가. 다시 태어난다는 것은 어느 한 곳은 소멸한다는 것이고. 현재의 인간사회나 국가나 얼마나 극에 차 있는지 들어볼까.

영국의 산업혁명을 시작으로 동양과 서양의 학문이 섞이면서 과학적 이론과 학문적 주장들이 넘쳐 나면서 세상은 극도로 분열되었고 혼란스러워졌지. 군비경쟁과 부국강병이 시작되었고 이론과 이론이 부딪히면서 상대이론에 대하여 공격하고 경쟁심을 갖고 이론전쟁을 시작했지. 정치가들은 그것을 옳다 그르다 편 가르면서 상대국에 대하여 전쟁을 선포하고 1차 2차 세계대전이 벌어지지 않았나. 거기에 과학과 경제가 결합하면서 동서양을 막론하고 국익을 최우선으로 산업전쟁을 하는 것 아니겠나. 약소국은 발버둥치고 강대국은 상대국의 약점을 파고 들면서 국지전과 소요사태가 끊임없이 나타나게 만들고, 나라마다 부익부 빈익빈 사회가 더욱 고착화되었고, 국제적으로는 오늘의 적이 내일은 친구가 되는 기현상이 계속 나타나고 있는 것 아닌가.

  그것은 결국 국가의 지도자들을 도덕이 없는 무도한 사람으로 만들었네. 도덕은 간데없고 백성을 속이고 상대국을 속이고 자기들만의 세상을 만들고 있었던 것이지.

  지도자들만 그런가. 가정에서는 자식 교육을 돈 버는 교육 남을 이기는 교육만 시키다 보니 경쟁의 도가 넘어 가족까지 살인하고 가족끼리 소송하고 형제라 해도 남들보다 못하게 지내는 사회가 되었으니 가장인 아버지가 무도하게 된 것 아닌가.

  한편 학교에서는 학생끼리 상호 경쟁의 대상이고 출세지향적 교육을 받다 보니 인성교육은 간데없고 폭력과 비방이 난무하고 부모들까지 가세하여 선생은 설 곳이 없어지고 공교육이 무너지면서 돈 없으면 자식도 키우지 못하는 사회가 되었으니 선생이 무도하게 된 것 아닌가. 오죽하면 젊은 사람들이 결혼도 기피하고 자식도 낳지 않으려고 하겠나. 요즘 그것을 인구 절벽이라고 떠들고 있더군. 사회나 국가가 극에 다다른 현상들이지.

  국가의 수장과 가정의 수장과 학교의 수장이 모두 무너졌으니 이제는 사회나 국가가 어디로 가겠는가. 그것이 시대의 흐름이고 역사의 흐름이라면 이해가 가는가. 미국이나 중국이나 북한이나 우리나라나 꼭짓점을 붙들고 대단한 수라도 있는 것처럼 경쟁하고 있지만 최후의 웃는 사람은 우리가 될 것이니 현재의 어지러운 상황은 물이 흘러가는 것처럼 시대의 역사로 받아들여야 하네. 자연스럽게 대처하지 못하고 요란하게 대책을 내 놓고 뒤얽힌 문제를 풀려고 한다면 오히려 더욱 복잡하게 꼬이고 말 것이네. 작금의 현실은 선도 성장을 하였지만 악도 또한 최대로 성장하였다는 것을 깨닫고 시대의 흐름으로 봐야 그나마 실마리를 찾을 수 있을 것이네. 우리나라 뿐만 아니라 각국의 사정도 별반 다를 게 없을 것이네. 어느 한군데 쉽게 해결되는 곳은 없다는 뜻이야. 국가 간 종족 간 대결, 종교, 사상, 빈부차, 무역불균형, 역사 문화 등등 모든 영역에서 극에 차 있다는 것을 깊이 생각하고 중차대한 이 시기를 넘기는 것은 지혜만이 살길이라는 것을 명심하여야 하네.

세상이 혼돈 속에 있다고 하더라도 우리는 북한과는 지속적이고 인도적인 대화를 이어가면서 지혜로서 이 시대를 넘겨야 하네.

평화는 열어가야 하지만 지나친 환상은 없어야 하는 것 또한 지도자가 견지해야 할 마음일세. 지도자들은 성과를 내려고 서둘러서도 아니 되고 욕심은 금물이야. 빠르게 진행될수록 한 번 더 생각하고 역지사지의 마음이라야 다음 시대가 우리 편이 될 것이야.

용 달도 차면 기운다는 말과 같군요.

변산노인 적절한 표현이네. 지구촌의 기운이 극에 차 있어. 이제는 상대국이 보이지 않고 국익만 추구하면 된다는 사고방식 아닌가. 극에 찼으니 마무리는 누가 하겠나. 잘 생각해 보게.

김 아무리 그렇더라도 국민의 불안은 어쩔 수 없는 것 같은데요.

변산노인 극에 다다른 세상이니 당연히 미래에 대한 불확실성 때문에 사회 전반적으로 아니면 모든 사람의 마음에 불안이 존재하는 것은 어쩌면 당연한 일이야. 시대가 그렇게 흐르면 사람의 마음도 그렇게 움직이고 나라도 그렇게 움직이는 것은 자연스런 현상이라고 봐야 해. 조선국이 대한민국이 되는 과정에서 우리민족에게는 식민시대, 분단, 동족상잔의 얼마나 치욕적인 시간이었나를 생각하면 이제는 지도자들이 현명하게 바둑돌을 두어 치욕은 만들지 말아야지.

그때의 지도자들은 당시에는 최선을 다했고 민족적 입장에서도 옳은 판단이었다고 할 것이네. 그러나 시대는 그렇게 그들이 생각한 방향으로 흐르던가. 지구상에 유일한 분단국이 되고 말았는데 그 분단 상황을 풀려고 한다면 얼마나 힘들지 생각이나 해 보았는가. 다시 한번 잘 생각해 보세. 우리를 묶어 놓은 것은 주변국들 아닌가. 주변국이 묶어 놓은 우리나라의 삼팔선을 우리가 푼다고 한다면 주변국들이 가만히 보고만 있겠는가.

현 지도자들이 우리가 무슨 수를 내서라도 평화시대를 열어야 한다는 생각을 가지는 것은 좋은 일이지만, 아무리 우리가 좋은 수를 낸다고 주변국들이 우리 뜻대로 움직이겠는가. 오히려 우리를 공격하는 빌미를 줄 수도 있다는 생각을 먼저 해야 되네. 지혜로워야 하고, 인내해야 하고, 그리고 최악의 방책도 염두에 두어야 하고, 그것이 지도자가 해야 할 일이네. 주변국들이 서로 수 싸움하다 묘수가 없다면 우리보고 잘해보시라고 먼저 말을 건네는 날이 있을 것이니 그날을 기다려보세.

기자 한반도 통일이 우리 민족의 숙제인데 한반도의 미래와 주변국의 상황을 어떻게 보시는지요.

변산노인 그래. 그 문제는 많은 사람들의 궁금사항일 것이네. 단지 이것은 내 개인적인 생각이라는 점을 먼저 말하고 싶네. 현실적으로는 내일을 위하여 오늘 저녁을 먹어야 사는 것이니만큼, 정치도 돌아가야 하고, 경제활동도 해야 하고, 세계와도 소통하고 교류를 해야 살 수 있는 것이네. 내가 살아야 세상도 존재하는 것 아니겠나. 내가 이렇게 신중하게 서두를 꺼내는 것은 미래문제는 잘못 해석하면 문제의 소지가 많은 부분이기 때문이네. 그래서 내 생각이라는 것을 강조한 것이고 그런 생각을 하는 사람도 있으려니 참고하라는 것이네.

김기자가 질문한 한반도 통일 문제는 통일이 되더라도 분단이 되는 과정만큼이나 어려운 과정이 많을 것이고 희생도 만만치 않을 것이네.

북한이 지금까지 가지고 있는 군사적 힘을 그렇게 쉽게 포기할 것이라고 기대하는 사람은 아무도 없네. 그렇다고 우리나 미국이나 중국이나 러시아가 북한이 요구하는 사항을 들어주는 것 또한 쉽게 허락하지 않을 것 아닌가. 한미중러일이 의견통일이 되어 한반도를 평화적으로 해결한다는 것은 말로만 그렇게 하는 것이지 실천할 나라도 없고 평화를 바라지도 않을 것이네. 그들은 한반도 분단을 유지하여 자기들의 역량을 키우려는 것에 더 관심이 많을 뿐만 아니라 한반도에서의 이해관계가 다르기 때문이네.

그렇다면 우리나라의 통일이 쉽지 않다는 것은 누구나 알 수 있는 것 아닌가. 쉽게 되지 않는다면 우리가 주장하여 통일을 외친다고 그들이 좋은 일이라고 박수를 치겠는가 아니면 경제적으로 도움을 주겠는가.

우리의 주장으로 쉽게 되는 일은 없다는 것을 말하는 것이네.

그렇다면 통일은 된다라고 가정하고 우리가 통일을 외친다고 되는 것이 아니라면 어떻게 되어야 통일이 되겠는가. 한번 생각해 보게.

용 그렇게 된다면 통일은 요원하다는 것인가요.

변산노인 통일이 된다면 주변 환경이 어떻게 되어야 통일이 된다고 보느냐는 질문일세.

김 결국에는 주변국이 한반도에 힘을 쓰지 못하는 환경이 되어야 한다는 말씀인가요.

변산노인 핵심을 잘 말했네. 미중러일 모두 날개가 꺾어져야 한반도의 통일이 가능하다는 것이네. 현재의 힘을 가지고는 일방적인 우위를 점하는 국가는 없네. 미국이 아무리 첨단무기를 많이 가지고 있다 하더라도 중국도 무시 못할 무기체계를 가지고 있고, 러시아 또한 미국과 대적해도 손색이 없는 무기를 가지고 있다는 것이네. 단지 미국이 조금 더 강력한 무기를 가지고 있으나 중국이나 러시아를 압도하지는 못한다는 것이네.

그들은 상호 전쟁을 한다면 공멸한다는 것은 너무 잘 알고 있네.

그들이 무기를 가지고 전쟁을 하지 못한다면 무엇으로 전쟁하겠나. 그것은 경제전쟁밖에 없네. 경제문제는 미국이 해볼 만한 승산이 있다고 판단하는 것이지. 경제전쟁에서 승리한다면 중국이나 러시아가 미국의 말을 듣지 않을 수가 없을 것이라고 판단하는 것이지. 러시아는 경제규모가 중국에 비하면 순위에 들지 못하고 유럽 우방과 러시아가 서로 얽힌 경제문제가 많다 보니 러시아보다는 중국을 겨냥한 경제전쟁을 선택한 것이지. 그것이 미중 간 무역전쟁으로 나타난 것이네.

아마 미중 간 무역전쟁은 쉽게 타협하여 해결되지는 않을 것이네. 중국은 중화사상으로 무장되어 있고 역사와 문화의 중심지라는 자존심이 강한 국가인데 미국이라고 쉽게 굴복하겠는가. 중국국민들이 들고 일어나는 최악의 사태는 중국위정자들이 만들지 않을 것이고 그래서 미국과는 자존심 대결도 서슴지 않을 것이란 이야기네.

그렇게 미국과 중국이 무역 전쟁을 계속한다면 우리나라는 어떻게 될 것인가 이것이 문제 아닌가. 세속에서는 우리경제가 위기라고 하더군.

나는 어쩐지 미중 간 무역 전쟁은 우리를 위한 전쟁처럼 생각되네. 우리를 위하여 미중 간 힘을 빼는 시기라는 생각이 드네. 미국과 중국이 서로 경쟁하다 힘이 빠지면 우리가 손해 볼 것 같지만 내 생각은 미국과 중국이 서로 우리에게 손을 내밀 것 같다는 생각을 하네. 그렇게 된다면 우리에게 크나큰 기회가 아닌가. 우리 지도자들이 이런 문제도 지혜를 발휘하여 위기를 복으로 만들 수 있기를 바랄 뿐이네.

기자 일본과의 경제문제도 일본이 힘이 빠지는 시기로 보면 되나요.

변산노인 미국과 중국이 무역전쟁을 할 때 일본은 이때다 싶어 우리나라를 배신한 것이지. 그러나 그것은 일본의 최악의 패착으로 남을 것이네. 우리나라를 걸고 드는 국가는 그 대가를 혹독하게 치르게 되어있어. 특히 일본은 우리에게 크나큰 대죄를 저지르고도 반성과 사과는커녕 경제보복이라는 패망의 수를 썼으니 회생하기 어려울 것이네. 그들이 마지막 수순의 길을 가고 있으니 그것 또한 보고 있을 수밖에. 앞으로 기막힌 수가 나올 것이니 기대해 봄세.

사실 미국과 중국이 힘이 빠지면 가장 이득을 보는 국가는 러시아가 될 것이네. 러시아는 직접 미국과의 마찰은 피하면서 중국과의 무역전쟁을 지켜보며 어느 편도 들지 않고 자국의 할 말을 하고 있지 않은가. 어떻게 보면 우리나라가 미국 편도 들 수 없고 중국 편도 들 수 없을 때 러시아가 우리 편을 들어 준다면 많은 문제가 해결될 것이네. 그러니 나라의 지도자들은 이런 문제까지도 전략적으로 생각하고 각국과 소통도 소홀히 하여서는 아니 되네. 러시아가 우리 편이 된다면 국방문제 경제문제 등등 고려할 사항들이 상당히 많을 것이네.

사실 지리적으로 보아도 러시아는 우리에게 손해 볼 것 없는 국가 아닌가. 동아시아의 통로가 열리고 일본과 미국을 대적하기에도 최상의 조건을 얻는 셈이지. 그러니 지도자들은 러시아와의 소통도 항상 유지하여 만약의 수를 준비하여야 한다네. 그래야 통일 후에도 우리가 도움을 받을 수 있을 것이네.

한반도 주변 국가가 힘이 빠져야 우리의 활로가 열린다고 말했는데 미중 간 마찰로 서로 힘이 빠지고, 일본이 우리나라와의 마찰로 힘이 빠진다면 러시아는 현재의 힘을 비축하는 것이지. 그때 통일이 된다면 러시아가 치고 나올 것이네. 미중을 견제하며 한반도에 영향력을 확대하기 위해 러시아가 나올 때 우리는 러시아를 최대한 활용하여 우리의 국운을 일신할 기회로 삼는다면 어떤가. 예측 가능한 이야기 아닌가.

나라의 전략은 국민의 미래가 걸린 것이니만큼 지도자들은 심기일전하여 이 시대를 풀어가야 하네.

미국이 아무리 힘이 빠진다고 우리나라를 포기하겠는가. 말로는 방위비 무역불균형을 들고 나오지만 사실은 그들의 이익에 근거하여 중국과 러시아를 견제하는 수단으로 우리나라를 최대한 활용하는 것이지 대한민국을 위하여 미군을 주둔시켰겠는가. 미국도 그들 전략에 의하여 우리나라를 편하게 이용하는 것뿐이네. 그러니 지도자들은 미국에 너무 의존하지 말고 주변국과의 상호 전략적 관계가 되어야 하네. 미국의 도움은 받되 중국과 러시아도 전략적인 관계는 계속 유지하여야 한다는 것이지.

결론적으로 우리나라는 통일은 되네. 그러나 우리는 간과한 것이 있네. 통일의 과정이 얼마나 힘난할지 생각해 보았는가.

용 통일이 되면 국운이 열릴 것이라는 생각은 하지만 얼마나 희생이 될지는 생각해 보지 않았는데요. 통일이 된다면 하고 실제보다는 환상을 먼저 떠올리는 것 같은데요.

변산노인 사실 통일보다는 통일되기까지의 국민적 혼란이 얼마나 심각할지 먼저 생각해야 하네. 미국이 북한을 어떻게 해서라도 약화시키려 할 것이고 그런 과정에서 중국과의 줄다리기 러시아와의 힘겨루기로 힘이 빠진 미국이 선택할 길은 군사행동밖에 없는데 우리는 이것을 경계하여야 하네. 미국이 한반도에서 어떠한 경우라도 군사행동을 하지 못하도록 해야 하네. 그 시기에 커다란 혼란이 있을 것이네. 어떻게 보면 우방인 미국이 북한을 포함한 우리 민족에게는 가장 큰 걸림돌이 될 수 있다는 사실을 지도자들은 명심하여야 한다네. 북한하고의 전쟁은 두 번은 아니 되네. 미국이 북한을 치는 것 또한 결코 없어야 하는 것 아닌가. 미국이 가지고 있는 그 많은 무기를 정치하는 권력자라면 한번은 써보고 싶은 것이 사람 마음일 것이야. 미국이 힘이 빠졌다고 하더라도 무기는 남아 있는 것이니 우리는 그것을 항상 경계하여 무기를 쓰는 일을 만들어서는 아니 된다는 것이지. 만약 우리나라에서 북한과의 전쟁도 불사해야 한다고 주장하는 사람이 있다면 그것은 매국노이며 배반자일 것이네. 어떠한 경우라도 한반도 백성이 희생되는 일은 막아야지.

그때가 되면 러시아가 필요할 것이고 중국이 필요할 것 아닌가. 러시아 이야기를 한 것이 이제는 이해가 되는가.

기자 결론적으로 한반도에서 전쟁은 없는 것인가요.

변산노인 전쟁은 없도록 막아야 한다는 것이지. 전쟁은 없다라고 단정하기보다는 크나큰 혼란의 시대가 있을 수 있다는 것이네. 그때 우리 지도자들이 현명하다면 한반도에서의 전쟁은 막을 것이고 아둔하다면 더 많은 백성들이 희생될 것이네. 그러니 지도자를 잘 선택하여야 국운이 열린다는 것이지.

북한도 미국과의 의견이 맞지 않는다면 핵무기를 가지고 미국이나 주변국들과 담판을 지으려고 무던히 노력할 것이네. 그러나 현실적으로 미국과 북한이 의견을 모으기가 쉽겠는가. 장사꾼인 미국과 무조건 많이 받으려는 북한과는 일치되는 부분이 많지 않을 것이네. 말로는 평화 평화 하지만 속내는 정치적 계산이 우선인 나라들이니

만큼 일방통행식의 협상을 없을 것이네. 그래서 한반도 상황이 우려 되다는 것이야. 그것을 풀어야 하는 지도자들을 잘 만나야 하는 것이고.

지리적으로 한반도가 주변국들로 둘러싸인 완충지대 아닌가. 현시대를 풀어가는 것은 보통의 지혜로는 어려운 문제야. 같은 편 같지만 일본은 우리의 적이고, 미국은 북한과 살벌한 걸음으로 우리를 끊임없이 압박하고, 중국은 언제든지 경제보복을 할 준비를 하고 있고, 그런 관점에서는 러시아가 우리와는 가장 편한 상대가 될 것 같지 않나. 서로 불편한 이해관계가 없다면 좋은 우방이 될 것이네.

다시 말하지만 지도자들은 이런 우리의 처지를 백번 이해하고 과거에 얽매이지 말고 새로운 시대를 열어간다는 사명감을 가지고 백성들을 생각하며 어려운 난국을 풀어가야 하네. 앞으로 우리 백성이 복이 있다면 그러한 현명한 지도자를 만나게 될 것이네.

기자 한반도 주변국들의 미래는 어떻게 보시는지요.

변산노인 우리나라의 미래와 주변국들의 미래는 항상 함께하는 것이네. 중국과 미국은 현재의 시대가 가장 정점일세. 주기적으로 더이상 오르막이 없는 내리막이라는 것이지. 지금부터 힘이 빠지면서 그 빠진 힘은 우리에게 회귀할 것이네. 길지가 힘을 발휘할 때는 주변의 힘을 끌어모으는 것이야. 인물이 날 때에도 주변의 기운을 빨아들여 큰일을 한다네.

조선시대의 풍운아라고 하는 유자광이라는 사람이 있었네. 세조부터 중종까지 5대의 임금을 섬겼네. 그는 서얼로 태어나 멸시와 질타를 받으면서 성장하였고 피나는 노력으로 점차 문무를 겸비한 출중한 사람이 되었네. 혹자들은 그 당시 양반들이 떠들어대던 간신이라고 하지만 유자광을 그렇게 만든 사람은 바로 양반들이었네. 잘나고 똑똑한 유자광을 항상 질시하였던 것이지. 그래서 그는 임금에게 잘 보이려고 전쟁에도 참여하였고 무오사화도 일으켰고 끊임없이 양반들과 논쟁을 하였고 서자라는 표를 떼려고 무던하게 노력하였네. 만약 그 당시 임금들이 유자광을 크게 썼더라면 희대의 인물이 되었을 것이네. 그만큼 그는 똑똑하였고 문무를 겸비한 조선의 몇 안되는 인물이었네. 그가 태어나면서 그 고을 대나무가 말라 죽었다는 설이 있네. 유자광이 기운을 뽑아 대나무가 말라 죽는 일이 벌어진 것이지.

우리나라의 국운이 일어서려면 미국과 중국이 지금처럼 무역 전쟁도 하고, 일본이 우리를 배반하기도 하고, 미국이 방위를 공동으로 펼친다는 명분으로 우리를 깔보기도 해야 우리가 일어날 때는 할 말도 있는 것 아니겠나. 현재는 동맹국이라고 하지만 자국에 조금이라도 불이익이 된다면 그 보상을 요구하는 것이 미국의 지도자들 아닌가. 우리 지도자들은 이래서 현명해야 하고 지혜로워야 한다는 것이네. 내가 수도 없이 강조한 말 아닌가.

말이 약간 빗나갔는데 우리 주변 각국을 한번 살펴보세.

미국은 일본에게 우리나라의 식민지배를 인정하였고 6.25전쟁에서는 우리 편을 들어 전쟁을 수행했다고 하더라도 우리 분단의 책임은 져야 할 것이네. 현재 미국은 세계 경찰의 임무를 수행한다는 명분을 내세워 모든 나라의 분쟁에 관여하고 있고 자국 경제에 이익이 된다면 무역전쟁도 불사하고 있지 않나. 도덕성도 신의도 없이 오직 자국의 이익을 내세워 선거에만 승리하면 된다는 막다른 골목을 걷고 있는 것이지. 그런 미국이 현실적으로는 자국의 인종문제, 총기 살상문제, 무역불균형 등 해결은 되지 않고 점점 국론이 분열되고 있는 것이지. 이제는 미국을 믿는 나라는 몇 안 될 것이네. 미국을 울며 겨자 먹기로 대하는 것이지 동맹으로서 신의를 갖고 대하는 나라는 많지 않을 것이네. 이런 나라는 국내적으로 위험한 지경에 처했을 때 누구도 도와주는 나라가 없는 것이네. 그리고 무역문제도 되도록 미국과는 얽히지 않도록 노력할 것이네. 진시황의 진나라가 60년밖에 못 갔다는 것을 알았다면 미국도 대국의 모습을 보여야 결국 자국에 이익일 텐데, 그러지 못하는 것이 우리에게는 왠지 변화의 수가 생길 것 같지 않나.

　중국의 현재 모습을 보세. 경제는 세계 2위의 대국을 실행하였고, 국방력 또한 미국이나 러시아에 대응할 만한 수준에 도달하였고, 세계 곳곳에서 미국과 사사건건 대립하고 있는 것 아닌가. 국방 경제력이 미국을 빠짝 쫓고 있지만 국내 사정은 어떠한가. 주변 소국들과의 마찰과 독립문제, 백성들의 의견을 반영하지 않는 일당체제,

빈부격차, 불법 비리, 인권문제 등등 스스로 풀어야 하는 문제가 산적하여 있네. 거기에다 미국과의 무역 분쟁으로 경제가 거품이 될 지경이고, 대국만 내세웠지 대국으로서의 면모를 보이지 못하고, 자국에 조금만 불리하면 무역보복이다 여행제한이다를 반복하고 있는 모습을 보면 더 이상의 대국은 아닌 것이지. 역사적으로도 중국은 우리민족에게는 최대의 적이었네. 역사왜곡은 기본이고 천여 번의 침략과 내정간섭 조공 등 그 죄를 따지면 일본만큼이나 엄중한 것이지. 중국인들의 최대 적은 그들이 폄하하기 위하여 만들어 놓은 동이족이었네. 중국의 역사는 선진 동이족을 이기기 위하여 그 많은 세월을 발버둥쳤다네. 하지만 더 이상은 중국의 시대는 없을 것이네. 역사의 준엄함이 중국에게도 해당될 것이야.

일본을 보면 앞에서도 언급하였지만 스승의 나라인 우리나라에 대하여 임진왜란과 36년의 쓰라린 식민지 시대를 겪게 하고도 현재까지 역사 청산은커녕 아직도 감추기에 여념이 없으니 도덕과 신의가 땅에 떨어져 그 죄의 막중함이 하늘에 닿아 있네. 현재 경제보복이다 정치보복이다를 자행하고 있으나 아무리 좋은 마음으로 용서를 하려 해도 하늘도 일본은 용서치 않을 것이네. 일본 백성을 생각한다면 그래도 용서를 하여야 하겠지만 강점기시절 피해자들이 지금도 살아 있고 한국민들의 원성이 극에 달해, 돌아올 수 있는 용서의 강을 이미 건넜네. 일본국은 지구촌에는 존재하지 않을 것이네.

러시아를 보세. 러시아도 자국의 이익을 위하여 그랬겠지만 구한

말과 일제 강점기에 조국을 떠난 우리백성에게 이주명령을 내리고 고려인이라는 낙인을 찍어 모진 핍박을 하였고, 우리민족에게 씻지 못할 동족상잔의 6.25를 일으킨 북한을 도와 우리민족을 살상했으니 그 죄가 크지만, 일본이 행한 악독한 행동에 비하면 오히려 러시아가 우리 편이 될 가능성이 가장 많은 나라일세.

한반도 주변국들을 살펴보니 어떠한가. 우리와 연결된 역사에서 우리의 적이 어느 나라고 우리 편이 어느 나라인지 이제는 어렴풋이 구분되지 않나. 이렇게 생각해 보니 우리 지도자들이 얼마나 현명하게 지혜롭게 각국에 대응해야 하는지를 알 수 있겠지.

기자 앞으로 한반도 지형은 어떻게 변할까요.

변산노인 힘겨운 혼란의 시대가 지나가면 한반도 주변은 우리나라를 중심으로 재편될 것이네. 유럽과는 좋은 관계로 발전할 것이고, 중국은 우리나라의 주변국으로서 항상 협조할 것이고, 미국은 현재 우리가 미국에 하고 있는 것보다 더 우리나라를 따를 것이네. 러시아 또한 우리와는 우방으로서 항상 협조를 아끼지 않을 것이네. 이것이 길지인 우리나라의 운명이라면 어떤가. 인내하고 살 만하지 않은가. 그러니 희망을 갖고 이 시대의 어려움은 반드시 극복하여야 하네.

일본국의 우매한 지도자들처럼 시대를 잘못 읽는다면, 우리가 아무리 좋은 운명이라도 우매한 지도자를 선택한다면, 어려운 상황을 풀기 어려울 것이네. 현명한 국민이 현명한 지도자를 만드는 것 아닌가. 오늘 나의 이야기는 다시 말하지만 그런 주장을 하는 사람도 있구나하고 가볍게 생각하게. 너무 많은 생각을 하면 앞이 보이지 않는 것이네.

  오늘은 여기까지 하고 이만 일어나세.

9. 그리운 어르신

기자가 변산노인을 찾은 것은 삼월 끝자락 토요일이었다. 변산노인의 집 앞에서 몇 번 불러 보았지만 인기척이 없었다.

좀 떨어진 동네로 나와 한 농부에게 변산노인의 소식을 물었다. 며칠 전에 변산노인이 돌아가시어 출상이 끝났다는 것이었다. 기자는 힘이 쭉 빠지는 것을 느꼈지만 다시 농부에게 왜 갑자기 돌아가

셨느냐고 물어보았다. 농부는 위암이었다고 말했다.

　기자는 털썩 주저앉았다. 다시는 보지 못할 어르신을 생각하니 눈앞이 보이지 않고 부모도 아니지만 그런 분을 잃었다는 것에 슬픔을 느꼈다. 기자는 자동차로 돌아와 일행에게 이 사실을 알리고 한참을 침묵하였다. 기자는 무슨 정신으로 올라왔는지 운전을 어떻게 했는지 모를 정도로 많은 생각을 하면서 상경하였다.

　기자는 며칠을 곰곰이 생각하며 앞일을 생각하고 있던 중 모당 인사의 연락을 받고 직을 수락하면서 입술을 깨물었다.

　뉴스마다 한반도에 평화의 시대가 열릴 것인가 추측성 보도가 난무하였고 미국과 중국 러시아 북한의 동향에 대하여 각 언론사 입맛대로 자기들 방식의 사람을 내세워 분석하며 각기 다른 주장을 하였다.

　일본은 극우화가 더욱 기승을 부리며 맞지도 않는 주장을 계속하였고 한일관계는 해결의 실마리가 보이지 않았다.

　기자는 미소를 금할 길이 없었다. 그리고 하늘을 보고 어르신 보고 계시는지 모르겠다고 혼잣말을 이어갔다. 그렇게 맘대로는 안 될 걸. 어떤 말인들 못하랴.

　(일 년의 짧은 기간이었지만 40년 넘게 배운 지식보다 어르신께 들은 말씀이 몇 배의 큰 가르침이었습니다. 앞으로 질문할 것도 많

고 알고 싶은 것도 많은데 세상의 궁금증을 누구와 풀어가야 하나요. 더 공부하고 더 노력하는 참 언론인으로 거듭나겠습니다. 저에게 주신 말씀 마음에 새기며 살겠습니다.)

지 은 이 이후인

1판 1쇄 발행 2019년 8월 30일

저작권자 이후인

발 행 처 하움출판사
발 행 인 문현광
편　　집 홍새솔
주　　소 전라북도 군산시 축동안3길 20, 2층 하움출판사
I S B N 979-11-6440-055-3

홈페이지 http://haum.kr/
이 메 일 haum1000@naver.com
전　　화 070-7617-7779
F A X 062-716-8533

좋은 책을 만들겠습니다.
하움출판사는 독자 여러분의 의견에 항상 귀 기울이고 있습니다.

이 도서의 국립중앙도서관 출판예정도서목록(CIP)은 서지정보유통지원시스템 홈페이지(http://seoji.nl.go.kr)와 국가자료종합목록 구축시스템(http://kolis-net.nl.go.kr)에서 이용하실 수 있습니다. (CIP제어번호: CIP2019032539)

· 값은 표지에 있습니다.
· 파본은 구입처에서 교환해 드립니다.
· 이 책은 저작권법에 따라 보호받는 저작물이므로 무단전제와 무단복제를 금지하며,
  이 책 내용의 전부 또는 일부를 이용하려면 반드시 저작권자와 하움출판사의 서면동의를 받아야 합니다.